JN069303

曹洞宗徳雄山建功寺住職
枡野俊明

人生を
好転させる

掃除道《そうじどう》

三笠書房

人生を好転させる掃除道

はじめに

境内《けいだい》を掃除していると、参拝くださった方からよくこんなことを聞かれます。

「庭はきれいに掃かれていて、葉っぱ一枚落ちていないし、お堂のなかもピカピカ。ゴミひとつないのに、どうして毎日、掃除をしているのですか？」

と。

禅僧の私にとっては、そんな疑問を持たれることのほうが不思議です。

なぜなら、**禅僧にとって、掃除とは毎日行なうお勤めであり、心を磨くための修行そのもの**だからです。

禅では、

「一掃除、二信心《しんじん》」

といわれます。「最初にやるべきは掃除で、信心はそれがすんでからのこと」と教えられます。それほどまでに「掃除」を重視しているのです。

ところで、掃除と心の状態が密接に結びついていることは、禅の考え方を引き合いに出すまでもなく、みなさんも経験的に知っているのではないでしょうか。ちょっと思い出してみてください。

掃除をすると、なぜか気持ちがスッキリしませんか？
ゴミやほこりを掃くと、いっしょに心のモヤモヤまでが消えていく感じがしませんか？
床をピカピカに磨くと、心も輝いてくるような気がしませんか？

大きくうなずくみなさんの姿が見えるようです。

「掃除道」などというと厳しい修行が求められそうですが、ようするに掃除を毎日、丁寧に、心をこめて行なうこと。禅の教えは、きわめてシンプルです。

さあ、楽しく、さわやかに「掃除道」を歩みはじめましょう。合　掌

二〇二三年一一月吉日　建功寺方丈にて

枡野俊明

目次

1章 「掃除」が人生に与えてくれるもの

2章「より少なく、より豊かに」暮らすヒント

3章 三六五日を磨く、禅的シンプル掃除術

編集協力／千葉潤子
株式会社Ｓｕｎ Ｆｕｅｒｚａ

1章

「掃除」が人生に与えてくれるもの

掃除も「諸行無常」——完璧な状態は一瞬とてありません。

「掃除道」とは、ようするに掃除を毎日、丁寧に、心をこめて行なうこと——と、「はじめに」でいいました。みなさんのなかには、

「でも、そんなに汚れていないのなら、毎日やる必要はないのでは?」

「汚れたら掃除すれば十分では?」

と思われる方が少なからずおられるでしょう。

その本音はおそらく、

「とにかく掃除がめんどうくさい」

「掃除以外にもやることがたくさんあって、忙しい」ということなのではないでしょうか。それで掃除をさぼるようでは、あなたの住まいはもとより、心も、人生も、汚れが溜まってしまう一方です。

「こまめな掃除」がなぜ大切か

そもそも仏教は「諸行無常」を根本思想のひとつとしています。「森羅万象、この世で起こることは一切が、片時も留まっていない」という教えです。私たちのいる空間も同じ。一度掃除してきれいになっても、その状態は刻々と変化していきます。

ほこりは掃いたそばから溜まっていきます。
床は雑巾がけをしたそばから艶《つや》がなくなっていきます。
ガラス窓は拭いたそばから曇っていきます。
庭は掃き清めたそばから落ち葉が溜まっていきます。

金属は磨いたそばから輝きを失っていきます。
ゴミは捨てたそばから増えていきます。

こんなふうに、きれいな状態は一瞬とて保たれません。だから可能な限り、こまめに掃除をしたほうがいいのです。

「心の掃除」をさぼっていると――

心も同じです。

さぼって心の掃除をせずに生活していると、我欲や執着、妄想、邪念など、〝心のほこり〟が溜まっていってしまうのです。

〝心のほこり〟には「増えやすい性質」があります。たとえば「我欲」。「あれが欲しい、これが欲しい」という欲望は、どこかで意識して歯止めをかけない限り、際限なくふくらんでいくものなのです。

お釈迦さまはいいました。

「人の欲望は、ヒマラヤの山を黄金で埋め尽くしても、まだ満たされない」と。

掃除をさぼったばかりにわが身、わが人生がそんな欲望に覆われてしまうとしたら、なんと苦しく、むなしく、なげかわしいことか。毎日の掃除は、だから大切なのです。

◯「休日にまとめて掃除」はやめましょう

仏教の「諸行無常」を理解すると、とても「掃除なんか、汚れてからまとめてやればいいや」なんて気持ちにはなれません。

毎朝のルーティンとして、淡々と、でも一心に、掃除に取り組む。それが一番です。

ただ「毎日、家の隅々まで掃除する」というのは、現実問題、難しいかもしれません。

そこで、**曜日ごとに掃除する場所を決めて、週間スケジュールを立てて取り組む**

というのもひとつの方法かと思います。

たとえば、

「月曜日は台所」

「火曜日はトイレ」

「水曜日は玄関」

「木曜日は窓」

……といった具合に。

加えて**「月間・年間の掃除スケジュール」を組むと、なおいい**でしょう。

掃除をし終わったら、スケジュール表にチェックを入れるなどすると、達成感を味わいながら、楽しく掃除をすることができるかと思います。

まずは掃除するべき場所の洗い出しからはじめてください。

◯家も心も「汚れる前にきれいにする」のが極意

忘れてはならないのは、私たちは本来、「一点の曇りもない美しい心」を持っている、ということです。

「一切衆生悉有仏性《いっさいしゅじょうしつうぶっしょう》」という禅語があるように、私たちは誰もが等しく「仏様の心」を持った存在です。「本来の自己」「仏性」「真如《しんにょ》」「主人公」などと呼ばれるその美しい心が、掃除を怠《おこた》ることで、みるみる汚れてしまうのです。

この現実は重く受け止めなくてはいけません。なぜなら、ほこりが溜まるのに任せ、そのまま放置すると、しまいにはガンコな汚れがこびりつき、本来の美しさなど見る影もないほど、みすぼらしい心になってしまうからです。

ぜひご理解いただきたいと思います。汚れたから掃除をするのでは本末転倒だということを。**汚れる前に、新しい汚れがわずかなうちに掃除する。それを繰り返す。これこそが「掃除の極意」なのです。**

掃除と「悟り」の間には、じつはとても深い関係があります。

「悟りの境地に達する」といった表現を聞いたことがあると思います。

「心から迷いが消えて、真理を会得する」ということを意味します。

すごく難しく感じるかもしれませんが、「悟り」はもっと日常的なテーマになるものだと私は考えています。

掃除もそのひとつです。


心をこめて掃除をすれば、さまざまな悩みがスーッと消えていきます。 これは、まさに「悟り」ではないでしょうか。

何かに夢中になっているとき、頭のなかは空っぽではないでしょうか。たとえ悩みや迷い、気がかりなことがあっても何かに集中していると、不思議と意識の外に飛んでしまうのです。それこそが「悟り」の瞬間といっていい。

「いま、ここに悟りはある」

ということです。

ありがたいことに、**掃除というのはそういう「悟り」への道を開いてくれる「行」**なのです。

掃除中、あなたは〝悟りの道〟を歩いています

たとえば、日常的にうまくいかないことがいろいろあって、「私はいったいなんのために生きているのか」などと悩んだとします。この種の問題は、気にしはじめるとどんどん深みにはまります。洗濯機の渦に巻き込まれたように、ぐるぐると回

る負のスパイラルから抜け出せなくなるのです。

そうして、**自分自身を見失ったら、まず自分がそういう渦のなかにいることに気づかなくてはいけません。その気づきを与えてくれるのが掃除なのです。**

掃除に集中しているうちに、悩んでいる自分と距離を置くようになります。それでふと気づくのです。「あれこれ悩んでいてもしかたない」と。そして、思考や行動が前に向きはじめるのです。

○逸話――「香厳撃竹」の教え

掃除と「悟り」の関係を暗示するような、興味深い逸話があります。香厳智閑《きょうげんちかん》という中国・唐末の禅僧が、悟りを開いたときのお話です。

香厳禅師は出家する前から聡明の聞こえ高く、「一を聞けば十を知る」ほどの聡明さで知られていました。彼は当時の禅界の第一人者である百丈慧海《ひやくじょうえかい》禅師に師事しましたが、師はほどなく遷化《せんげ》（死去）。兄弟子に当たる潙山霊祐《いさんれいゆう》禅師のもとで学ぶことになりました。

あるとき潙山禅師は香厳に公案（修行僧に与えられる課題）を出しました。「父母未生以前の一句をいってみよ」――「まだ母の胎内にあって、生まれる前の汝《なんじ》の心境をいってみよ」というのです。

何を問われているのかも、よくわからない。

「父母」はそのまま両親を意味するのではありません。たとえば白黒、善悪、美醜、明暗など、物事を二つに分ける考え方を意味する、というふうに考えてみてください。生まれる前は西も東もわからないのですから、そういった二元思考もないはずです。その根源的な心をいいなさい、とも受け取れます。

ただ質問の趣旨をこのように理解したとしても、どう答えればいいのか、非常に難しい。さすがに秀才の香厳禅師も頭を抱えてしまいました。あれこれ考えて潙山禅師に答えをぶつけても、いっこうに合格点をもらえません。

ついには「頭で考えたことは、単なる知識にすぎない。どんなに博識だろうと、なんの役にも立たない。真理に到達するには、文字や知識はジャマになるだけだ」と、師のもとを離れ、持っていた本をすべて焼き捨ててしまいました。

以後、香厳禅師は尊敬する慧忠《えちゅう》国師の墓のある湖北省・武当山に庵を結び、師の墓守をして暮らしました。

そんなある日、一心に掃き掃除をしていたときのこと。ほうきで落ち葉を掻き集め、竹藪に捨てたところ、そのなかに小石が混じっていたのでしょう、これが竹に当たって、カーンという音が静まりかえった墓地のなかに響きました。

その瞬間です、香厳禅師が答え（悟り）を得たのは。このときの心境を彼はこう表しています。

「一撃、所知《しょち》を忘れず」

「掃除力」が身につくと、「動じない心」が手に入る

少々長くなりました。おそらく香厳禅師は「石と竹の両方がなければ音はしない。

これらが偶然ぶつかってはじめて音になる」ことに真理を見たのでしょう。言葉にすると「あたりまえじゃないか」と流したくなるほどのことながら、その裏には悟った者にしか実感しえない深い真理があるのです。

「それで、香厳禅師の出した答えは？」

という質問があるかもしれませんが、しかしこの話で注目するべきは、公案の答えがなんであるかではありません。香厳禅師が日々を暮らすなかで、道を求め続け、掃除に没頭したからこそ、小石が竹に当たったという小さな出来事を悟りの機会にすることができた、ということです。

物事をなんでも理屈でとらえるのをやめて、ひたすら掃除に励む。そういう時間を持つことが、「悟り」の道へとつながるのです。

実際、掃除が習慣化され、「掃除力」が身につくと、自分のまわりで起きる現象に振り回されることなく、事の本質を見極めることができるようになります。**掃除は動じない心、強い精神を養ってくれるのです。**

掃除は生き方に通じる。だから掃除〝道〟なのです。

剣道、柔道、茶道、華道、書道……。

日本には「道」のつく文化がたくさんあります。

いずれも、もともとは「技術」を鍛えることを主眼とし、剣術、柔術、茶の湯、立花、書などと呼ばれていました。

それが禅の思想と結びついたことにより、生き方を極めるための修練と位置づけられるようになったのです。

掃除もその同列にあるものです。

生き方に通底する「道」——「掃除道」なのです。

逸話——「柳生宗矩と沢庵禅師」の教え

「道」とはなんなのか。

剣道を例に、柳生但馬守宗矩《やぎゅうたじまのかみむねのり》と沢庵《たくあん》禅師にまつわるエピソードを紹介しましょう。


徳川将軍家の剣術指南役を務めた柳生但馬守宗矩が、ある雨の日、沢庵禅師を訪ね、お茶を飲みながら問答をしたときのこと。禅師から、

「あなたの剣術はどんなものか、あの雨を斬って見せてほしい」

と問われた宗矩は、「ここは腕の見せどころ」とばかりに、どしゃ降りの雨のなかに出てゆき、雨を滅多斬りにしました。

ところが禅師は、笑いながらこういったのです。

「なんだ、あなたの剣術はその程度のものか。ずぶ濡れじゃあないか」

自分こそが天下一の剣術家だと自負する宗矩としては、おもしろくありません。

「ならば和尚、あなたの極意を見せてくれ」と、禅師をたきつけます。

請われるままに禅師は外へ出て、両手を広げて、雨を受けました。もちろんびしょ濡れです。「それ見たことか」と笑う宗矩に、禅師はこう告げました。

「あなたは雨と対峙し、滅多斬りにしようとしてずぶ濡れになった。私は違う。雨と一つになったのだよ」


この日を境に、宗矩は参禅するようになったといいます。いってみれば「戦わずに雨と和睦《わぼく》した」沢庵禅師の姿を通して、剣術の極意を目の当たりにした思いだったのでしょう。

「武術」が「武道」になるとき

宗矩はやがて「とらわれない」という術を身につけます。

それまでは「相手のここを打つと決めて構え、隙を狙う」スタイルでしたが、それでは逆に相手がどこに隙を見せるかがわかりにくい。たとえば胴を狙って、意識を胴に集中させると、面や小手などを打てる絶好の隙を見逃してしまう。そこに気づいたのです。それで宗矩は、「体を動かしながら、相手がどこかに隙を見せるや、瞬時に打ち込む」術を会得しました。

これは宮本武蔵のいう「一つ拍子の打ち」に相当するでしょうか。剣術の指南書であり、禅の書でもある『五輪書』のなかで、武蔵はこんなふうにいっています。

「頭でこうしようと決め、相応の構えをしてから動こうとすると、拍子は二つを数える。戦いにおいては、それでは遅い。相手が構えを崩して隙を見せ、『いまだ！』と思う、その瞬間を待たずして無意識のうちに体が動き、打ち込まなくてはいけない。これが『一つ拍子の打ち』である」

相手にすれば、「気がついたら打たれていた」という感じ。負けた気がしないばかりか、戦ったのかどうかすらわからなくなるでしょう。それはそうです。剣を交えて戦う前に、勝敗の決着がついているのですから。

宗矩や武蔵は「剣と一つになる」修練を重ねてきたからこそ、このような境地に達することができました。そこに至って剣は「術」を超え、「道」になるのです。

◎「掃除三昧」の時間が人生に与えてくれるもの

掃除も「道」がついて「掃除道」となると、「剣道」と同じ。「掃除と一つになる」修練を重ねてはじめて、

「心をきれいに磨き、よりよい人生を生きる」

という「道」を極めることができます。

禅では、何も考えずに、ひたすら何かと一つになって取り組むことを「一枚になる」といいます。

そして私たち禅僧は、

「掃くときはほうき一本に、拭くときは雑巾一枚になりきるかのように、誠心誠意、

その場を清めることに努めなさい」

と教えられるのです。

同じような意味のものに、

「三昧《さんまい》」

という言葉があります。

一般に、濁って「ざんまい」と読む形で、よく「読書三昧の日々を過ごす」とか「定年後は旅行三昧の日々を楽しみたい」といった使い方をします。

いずれも「熱中する」部分では同じですが、「さんまい」のほうは精神を集中させることに重きが置かれています。

とりわけ坐禅は「三昧王三昧《さんまいおうざんまい》」——精神を集中させる最上の修行と位置づけられています。

掃除も坐禅と並んで重要な修行ですから、**掃除をしている間は「掃除三昧」の時間を過ごすことが大原則**です。

「一瞬たりとてムダにしないぞ」

と覚悟を決め、余計なことは何も考えず、ひたすら掃除に集中しましょう。

そうして精神集中が深まりきると、「三昧の境地」に達することができます。「やりきった感」とともに、心が澄む思いがするのです。

こんなふうに掃除をひとつの「行」ととらえると、「一日くらいさぼってもいいだろう」とか「少しくらい手を抜いたっていいだろう」といった不埒《ふらち》な考えが頭をかすめるなど、ありえません。

掃除をはじめる前にはぜひ、「さあ、これから掃除三昧だ！」と声高らかに宣言してみてください。

「一心不乱に取り組もう」という気持ちが鼓舞されます。集中力がより高まることはいうまでもありません。

掃除の心得を禅僧たちの「作務」に学びましょう。

禅僧は毎日、**「作務《さむ》」**と呼ばれるお勤めをしています。掃除や畑仕事をはじめ、お寺の運営に関わる雑事一切を含むものです。

「軽い仕事」のように思うかもしれませんが、とんでもありません。作務は「法務（坐禅、読経、学習）」や「檀務（お檀家さんとのおつきあい）」と同列の大切なお勤めです。

禅僧にとって、「行住坐臥《ぎょうじゅうざが》」といい、「生活のすべてが修行」なのです。

「作務」から掃除の心得を読み解いていきましょう。

○「作務」はこうして生まれた

「作務」の基本をつくったのは、中国・唐代の禅僧、百丈慧海禅師です。

仏教がインドで生まれた当初、僧侶たちの食事は人々からの布施で賄《まかな》われていました。僧侶が自ら食べ物をつくることを戒律で禁じていたのです。

ところが中国に伝わり、禅寺が山のなかに建てられるようになると〝お布施頼み〟では難しくなってきました。遠くの町まで托鉢《たくはつ》に出かけるのは大変だからです。

そこで僧侶たちは、自分で田畑を耕すことにしました。自給自足の生活をはじめたのです。

百丈禅師はそういった農作業を含め、暮らしに必要な作業すべてを「作務」とする規則を定め、重要な修行と位置づけました。

以来、禅僧は各自「一日の時間割」のようなものをつくり、何時に何をするかを決めています。

〝怠け心〟に箍をはめる

仏教流にいうと、**「箍《たが》をはめる」――毎日規則正しく生活することで、ともすればば作務をさぼったり、いい加減にすませたりする〝怠け心〟を封じ込める**ことが可能です。

それに「この時間はこれ、この時間はこれ」とやるべきことが決まっていれば、余計なことを考えずに、黙々と作務に取り組むのみ。心身の調子も整うのです。

くだんの禅師には、こんなエピソードが伝わっています。

百丈慧海禅師が年老いたころのこと。弟子たちが「畑仕事はもう体力的にきついだろう」と禅師を気づかって、道具を隠してしまいました。困った禅師は、弟子たちにこうおっしゃいました。

「私に畑仕事をしてはいけないというなら、私は何も食べません」

この話に由来するのが、

「一日不作　一日不食」（一日作《な》さざれば一日食らわず）

という禅語です。

みなさんのなかには「働かざる者、食うべからず」という言葉を連想する人もおられるでしょうけれど、百丈慧海禅師の言葉はちょっとニュアンスが違います。

私たちは誰もが「世のため、人のためにできること、やるべきこと」を持って、生まれてきました。ある種の「使命」といっていいでしょう。

禅僧にとっては、掃除をはじめとする作務・修行こそが己の果たすべき使命であり、それをおろそかにしたり、怠《なま》けたりするようでは、今日一日を生きる価値に値しない。そう百丈慧海禅師はいっているのです。

私たちが学ぶべきは、禅僧たちが修行の一部として、作務に自身の存在価値を見出しているること。作務のひとつであるお寺の掃除には、それだけの重要な意義がある、ということです。

みなさんにとっても家のなかは、禅僧のお寺と同じく重要な〝人生道場〟。大いに掃除に励もうではありませんか。

掃除のコツは「頭」ではなく「体」で覚える

禅は何事も、**「頭ではなく、体で覚えろ」**ということをモットーとしています。掃除も同じです。

先輩方が手取り足取り、「こんなふうに、ほうきを使えば、きれいにほこりを掃き出せますよ。床はほどよく固く絞った雑巾でこういうふうに拭くといい。短時間できれいにするコツはね……」などと教えてくれることはありません。「掃除のコツはこうですよ」といった講義は一切ないのです。

掃除はとにかく「実践」あるのみ。毎日繰り返し、全身・全力・全速力で取り組

むことを通して、ベストな方法を自分で探り出し、工夫しながら、コツをつかんでいく。同時に、生き方につながる学びも体得する——。

つまり、言葉ではなく体で会得するのが「禅流掃除術の心得」なのです。

いまの人は情報化社会にあって、体験する前にまず情報を見たり読んだりして、なんとなく「わかった気になる」ことが多いように見受けます。

それでは本当に理解することはできません。掃除に限らず何事も頭を空にして取り組み、「体が覚える」まで、いや覚えたあとも何度でもやる。

それが技と精神の修養につながるのです。

「汚れを取る」だけでなく、「その場を整える」のが掃除です。

部屋の乱れは心の乱れ。

きちんと整えられていない部屋の住人は、十中八九、心が乱れています。

心の乱れは、掃除で整えることができます。掃除をするときに、「汚れを取る」ことに加えて「場を整える」ことを意識すればいいのです。

部屋が整うと、乱れた心も自ずとすっきりと整い、言動まで律することができます。

モノが乱雑に散らかっておらず、すっきり片づけられたきれいな部屋に入ると、それだけで気分がすがすがしくなります。背筋がしゃんと伸び、居住まいを正そうという気にもなります。

そうすれば、自然と、「できるだけ汚さないように気をつけよう。汚れたら……いや、汚れる前にきれいに掃除をしよう」「床にベタベタとモノを置いたり、使ったモノをそこら中に出しっぱなしにしたりしないように心がけよう」と思えるでしょう。

乱雑な場所を見た瞬間、あなたの心は乱れている

そうして部屋をきれいに整えると、「少しでも散らかっていると、どこかがちょっと汚れているだけでも、気持ちが悪い」と思うようになります。

しかし、これを習慣化するのは、意外と難しいのです。というのも**一度でもわずかな汚れや乱れを「ま、いいか」とやり過ごすと、心はすぐに「汚れても、乱れていても平気」な方向に流されてしまう**からです。

せっかくきれいに掃除し、整えても、一度散らかりはじめると、とめどなく散らかっていきます。やがて「きれいに整えよう」なんて意識はどこかに飛んでいくでしょう。

結果、乱雑な部屋に身を置くことをあたりまえに受け入れるようになります。そこに至るのに、そう時間はかからないでしょう。

乱雑な場所に一歩足を踏み入れた瞬間、荒れっぷりを目にした瞬間、あなたの心は乱れるのです。

○整った部屋があなたの「所作」も整えてくれる

恐ろしいことに、部屋が散らかっていると、所作や立ち居振る舞い、言葉づかいまで荒っぽくなります。

極端な話ですが、「だらしのないかっこうで、ソファや床にごろんと横になって、お菓子をポリポリと食い散らかしながらテレビを見て、誰彼かまわず悪態をついたりする」といったふるまいが平気になってしまうのです。

きれいに整った部屋であれば、そんなことはできません。リラックスして過ごすにしても、それなりに〝まとも〟な服装をするだろうし、姿勢が極端に乱れることはなく、言葉づかいも丁寧になるのではないでしょうか。**きれいな部屋に対する礼儀として、自分の心も所作や言動も整えようと思うようになる**からです。

きれいに整った部屋が心やふるまいも自然と整う方向に導いてくれるのです。

散らかった部屋にいると、人生の大事な時間が奪われます。

部屋だけではなくバッグのなかやオフィスのデスクまわりなど、モノのある空間はどこでも散らかしてはいけません。

なぜなら大事なモノが乱雑さの陰に隠れて、見えなくなってしまうからです。勢い、探し物に膨大な時間をかけることになります。**人生の大事な時間が探し物に食われる――それほどもったいないことはありません。**

しかし、しょっちゅう探し物をしている人はいますよね。

「あれがない、これがない」と部屋をうろうろする。駅やイベント会場、映画館などでチケットがどこにあるかわからず、「あれ？　バッグに入れたはずなんだけど」と、がさごそ探す。仕事に必要な資料がパソコンのなかで行方不明になりあれこれ検索しまくる……。

探し物をした瞬間、あなたの心は乱れている

身に覚えがある人もいらっしゃるのではないでしょうか。

そういうときはまわりの人まで巻き込んで、大変な騒ぎになります。

探し物がはじまると、その瞬間から心が乱れます。

その場が乱雑であればあるほど、簡単には見つかりません。「ない、ない、間に合わないよ、どうしよう、どうしよう」と焦り、とても心穏やかでなんかいられないからです。

ドキドキ、イライラが増す一方で、とても平静ではいられません。

散らかった空間と同様、心のなかもぐちゃぐちゃになってしまうのです。

掃除は「平常心是道」の実践

「平常心是道《びょうじょうしんこれどう》」という禅語があります。

「平常心」は一般的に「ふだんどおりの心がけ」を意味しますが、禅の世界では少し違います。「何ものにもとらわれず、自分の心に素直になる」ことを表します。

つまり、**いま使いたいモノが見つからないと、心が探し物にとらわれる。だから心が乱れる、**ということです。そしてこの「平常心」のあとに「是道」の二文字がついて、「心が何ものにもとらわれない状態でいることが『道』――禅の神髄（悟り）を究めることにつながる」と教えているのです。

逆にいうと、**空間が整っていれば、平常心が乱されることはありません。**掃除の際にモノをきれいに片づけておくことで、「平常心是道」を実践できるわけです。

これもまた、掃除を単なる家事ではなく、「掃除道」ととらえるべきことのひとつの証左のように思います。

「あるべきところに、あるべきものがある」のが基本です。

前項で、**「探し物が心を乱す」**というお話をしました。

平均して、人はどのくらいの時間を探し物に費やしているでしょうか。

文具メーカーのコクヨが二〇二二年に「仕事中に探し物をしている時間」を調査したところ、「一日に一三・五分」という結果が出たそうです。

これを年間に換算すると、なんと「五四時間」です。

しかも、現実にはこんなものではないでしょう。仕事以外の時間を加えると、もっともっと増えるはずです。探し物の多い人は、さらに多くの時間が消費されているでしょう。

人生には探し物よりもっと大切なことがたくさんあるというのに、なんともやりきれない気持ちになります。

「モノに番地をつける」といい

このようにモノが頻繁に〝行方不明〟になる原因は、ただ一つ。

「あるべきところに、あるべきものがある」

という状態にしていないことです。

どこかからモノを出してきて、使ったら、使いっぱなし。適当な場所に置いておく。しまう場所を決めていないから、いざ使いたいときに見つからないのです。そうならないよう、私は常々こうアドバイスしています。

「モノに番地をつけましょう」

と。

これはここ、これはここと、置いておく場所、しまっておく場所を決めておくと、「何も考えずに」そこに戻せます。また使うときは「あれはここにあるよね」とスムーズに見つけることができます。

加えて家族でその番地を共有すれば、なおけっこう。「どこに置いたっけ?」「どこにしまったっけ」と、家族総出で探し回ることがなくなります。

当然、「探したけど、見つからなかった」と新しいモノを買ってしまう、というムダもなくなります。

「使ったら元に戻す」のを徹底する

この「モノに番地をつける」というやり方を、私は雲水《うんすい》(修行僧)時代に学びました。共同生活ですから、掃除道具でもなんでも、誰かがどこかに置きっぱなしにすると、次に使う人が困ります。

それで修行の貴重な時間が奪われてはいけないと、私たちは「モノに番地をつけましょう。使ったら、必ずその番地の所に戻しましょう」ということが徹底されているのです。おかげで探し物というムダな時間を相当削減できたと思います。

モノはすべからく、使ったら、すぐに元の場所に戻す。

これが片づけのコツであり、鉄則です。

多すぎる荷物は、心身の自由を奪う

モノに番地をつけることは、かばんの中身にも応用できます。スマホやカギ、財布、ハンカチ、ティッシュ、メモ、筆記用具などの細々としたモノを含めて、どこに何を入れるか、所定の位置を決めておけば、「あれがない、これがない」とガサゴソ探すことが減ります。

カバンのなかがゴチャゴチャになるもうひとつの原因は、**「持ち物が多すぎる」**ことにあります。

たとえば知人に、どこへ行くにもいつも大きなスポーツバッグを持ち歩いている方がいます。すでに定年退職をされていますが、現役のころから変わらず、そのカバンを持ち歩いているのです。

おそらくノートパソコンとか事務用品はもとより、下着や靴下、着替えなどの〝お泊まりセット〟や傘なども入っているのでしょう。出張のときならまだしも、ふつうに出かけるときでも、中身を入れ替えもせず持ち歩いているようです。

常に必要なものではないことは明白ですが、本人はそのバッグがないと不安になるそうです。そういう方にはこう申し上げたい。

「不安だから荷物が多くなるのではなく、必要以上の荷物を持ち歩いているから、気持ちが重くなるし、軽快に動くこともできないのですよ」

と。

多すぎる荷物は、心身の自由を奪うものなのです。

「いつもの荷物」を減らししませんか？

私自身はふだんから**「極力身軽に移動する」**ことを心がけています。国内外に出張することの多い身ではありますが、どこへ行くにもだいたい頭陀袋《ずだぶくろ》とカバンひとつ。空港に手荷物を預けることもありません。

服装だって作務衣《さむえ》のままですから、着替えは下着を中心に一セット、長い出張でも二セットで十分です。そのかわり、毎日洗濯をして、清潔なものを身につけるようにしています。

またスポーツバッグの彼と対極にあるといいますか、年中海外に行くビジネスマンの知人は、下着も現地で買って、ときには処分してきてしまうとか。そうすると、本当に身軽で帰ってくることができます。**足りなくなれば〝現地調達〟する。**それまでのことだといっていました。

たしかにいまの時代、多少忘れ物があっても、コンビニなどでなんでも手に入りますからね。国内外の出張を含めて**「いつもの荷物を減らす」ことは、大事な掃除道のひとつ**かと思います。

わが家はどこよりもくつろげる空間であるべきです。

朝、散らかしっぱなしで出かけると、〝わが家〟が「帰りたくない場所」になってしまいませんか？

それではせっかくの夜のくつろぎのひとときが台無しです。

家が近づくにつれ、

「ああ、帰ったら片づけないといけないのか」

「めんどくさいな、イヤだな」

とうんざり感が増し、足取りも重くなる。そんなふうでは〝わが家〟は家族の幸せを紡《つむ》ぐ空間にはなりえません。

「毎朝、家を出る前に、部屋はちゃんと片づけておきましょう。そうしないと、家が『なんか、帰りたくない』場所になってしまいます。家族の不和というのは、そんなところから起こります。朝の片づけが大事なんですよ」

そんなふうに申し上げると、だいたいの方は「朝はバタバタで、片づけなんかしている時間はない」と反発されます。

けれども本当にそうでしょうか。まず自分にこう問うてみてください。

「なぜ、いつも朝はバタバタなのだろう？」

と。

五分、一〇分の惰眠を惜しむなかれ

原因として考えられるのはひとつだけです。

「起きるのが遅い」

ということです。

出かけるまでにやるべきことのリストに片づけを加え、それらの所要時間を見積もったうえで、出かける時刻から逆算して起床時刻を決める。 そこをきちんとやれば、「朝のバタバタ」はきれいになくなります。

みなさん、「時間がない、時間がない」と口ぐせのようにおっしゃいますが、片づけに要する時間など、ほんの一〇分ほどです。

作業としてはせいぜい、寝具を整える。

脱ぎっぱなしにした衣服をしまう。

洗濯かごに入れる。

出しっぱなしにした本や雑誌などを一箇所にまとめて積んでおく。

汚れた食器を洗う。

そんな程度のことです。

しかもなかには、夜寝る前に片づけておくことのできるものもあるので、パパッと五分で片づけるのも不可能ではないでしょう。

〝五分、一〇分の惰眠〟を惜しんで片づけをさぼり、そのために家が家族みんなの心からくつろげる場所でなくなる……。

これほど残念なことはありません。

家族の不和は家の乱れから生じる

そもそも〝わが家〟というのは、自分を含む家族のみんながホッとする空間であって然るべきでしょう。

外出中、身にまとっていた鎧《よろい》をポンとはずす。仕事や人間関係の疲れから解放されて、ひと息つく。身も心も伸びやかに過ごす。そういう場を整えることが大切なのです。

それなのにモノをどけないと座る場所もない。

洗い物をしてからでないとご飯をつくることも食べることもできない。

脱ぎっぱなしの衣類を片づけないまま積み上げている。

ゴミ箱にゴミがあふれ返っていて捨て場もない。

そんな具合では、ホッとするどころかイライラがつのる一方です。

家がそんなふうだと、たとえ家族がそろって食卓を囲む時間を持てたとしても、団らんの場にはなりえません。みんながイライラをぶつけあう場になるのがオチです。そこから家族の不和が生じるのです。

家族の集う居間はもちろんのこと、夫婦の寝室や子ども部屋などの〝個室〟も、使う人間がそこを自分の神域のようにして、常に片づけ万端、怠りなく、きれいを保つよう心がけたいものです。

自分の居場所は、各自の責任において絶対にきれいに片づける〝神域〟とする。

それを家族の大事な約束事のひとつにする。

それがよいかと思います。

見えないところほど、丁寧に掃除をしましょう。

モノをどかさず、目に見えるところだけ、ちょこっと掃除していませんか？　その行為の裏には、「パッと見、きれいならいい」という気持ちがひそんでいます。

そういう了見の人は何事につけて「上っ面をなでる」ような行為に終始するもの。仕事も人間関係も日々の営みも、何もかもが薄っぺらいといわざるをえません。

改善策は、

「見えないところまできれいに掃除する」

これに尽きます。

部屋の真ん中、見えるところだけを掃除していると、日に日にほこりが溜まっていきます。なぜなら、**ほこりには、「隅っこに溜まる」性質がある**からです。

たとえば「大掃除をして、家具をどかしたら、大きな綿ぼこりが出てきた」なんて経験があるでしょう？

こまめに隙間からほこりを掻き出したり、定期的に位置をずらして掃除機をかけたりしておかないと、大変なことになるのです。

ここの掃除、忘れていませんか？

またテレビの裏や電化製品のコードが多数配線されているコンセントまわりなどは、ほこりが静電気に引き寄せられて集まってきます。

掃除しにくく、ふつうに暮らしている分には目につかない場所なので、ほこりを溜まるに任せてしまいがちですよね？　熱のこもる場所だけに、一歩間違えたら火災になるかもしれない、とても危険な場所なのです。

それに空中を舞うほこりは、やがていろいろなところに積もります。テーブルの上などはしょっちゅう拭くでしょうけれど、家具の上や隙間、エアコン・扇風機・ストーブ・換気扇・冷蔵庫・電話機等の家電まわり、障子の桟、サッシの溝なんかは、目立たないけれどもほこりが積もりやすい。掃除が行き届かないことが多いようにお見受けします。

多くの人が「ほこりが溜まっているのはわかっているけど、そう目立つわけでもないから、見なかったことにしよう」と、掃除を〝わざと忘れ〟するのでしょう。そのうちほこりや汚れに対して鈍感にならないとも限りません。

あと、庭の掃除をするときは、木の根元に注意を向けてください。凹んだところに落ち葉やゴミが溜まっているかもしれません。

「掃除力」を身につけないまま大人になると……

「子どもに掃除をやらせたら、部屋の真ん中から掃きはじめるんですよ」

以前、そんな〝嘆きの声〟を聞いたことがあります。
まさか「何がいけないの？」なんていいませんよね。

「隅っこから中央に向けて掃く」

というのが正しいやり方。先ほどいったように、ほこりは隅っこに溜まるので、端っこから真ん中のほうに寄せていかなくては、掃除したことにはならないのです。

学校でも一五分程度の「掃除の時間」があるはずですが、「なぜ掃除をするのか」「掃き掃除、拭き掃除はどのようにやるのか」など、基本をあまり教えていないのかもしれません。

そうして「掃除力」を身につけないまま大人になったら、「いい人生を生きる」ための道をどんどん踏み外してしまう危険があります。

会社でも「掃除の時間」をつくるのがいい

大人も同じ。たとえば「掃除は主婦の仕事」などと、家族の誰かひとりに担当させているような家庭では、その人以外の家族はみんな〝掃除の恩恵〟を受けられません。

たとえひとりの担当者が完璧に家を掃除しているとしてもいけません。**掃除は自分の体を動かしてやるからこそ、自分を磨く「道」になるのです。**

ましてや家族の誰ひとりとして掃除を受け持たず、みんなが「汚れたら、きれいにしたい人がやればいい」のような考え方だと、家族の幸せは遠のいていく一方でしょう。

理想的なのは、**「毎日、朝起きたら、食事をする前に家族全員で、自分の受け持ち部分の掃除をする」**こと。

これを家族の約束事としましょう。

ただし、毎日の掃除では行き届かないところがありますよね。そういうところは週に一度、やはり家族全員でいっせいに掃除すればなおけっこう。家はもとより家族の心も、常にきれいを保つことができます。

ついでながら、**会社でも同じように「掃除の時間」をつくることをおすすめしま**

す。専門の清掃業者の方がいらっしゃったとしても、自分のデスクまわりくらいは各自でやったほうがいい。一〇分、一五分でいいから、全員で掃除をする。そういう習慣を持てば、各自の仕事能力を高め、組織としての結束力を強化することにつながります。

掃除力のある人は、たくさんの「いい縁」に恵まれます。

部屋の片づけや掃除をきちんとする人は、ストレスがなく、心と体がすっきりと整っています。内なる仏性《ぶっしょう》が磨かれ、その曇りのない心で大事なものが見えます。だから目の前にいい縁（＝幸運、チャンス）が現れたとき、即座にキャッチすることができます。

禅でいえば、**掃除力が「(原）因」で、幸運が「縁」——両者が引きつけ合って、「因縁が結ばれる」**ということです。

ストレスというのは、いうなれば「心のゴミ」のようなものです。

溜めると、心の空間がストレスという名のゴミでどんどん埋まっていき、余裕がなくなります。追い詰められてしまうのです。

自分がやりたくないことに取り組むときは?

また「自分がやりたくないこと」をやらなければならないとき、ストレスが溜まりますよね。

たとえば苦手な仕事をやらされる。
苦手な人と会わざるをえない。
自分を曲げて人に合わせなくてはいけない。
自分がやりたいようにやらせてもらえない。
うまくいきそうもないことをやらされる。
……そういったときは心に苦痛が生じます。
単純に考えれば「やりたくないことはやらなければいい」。それでストレスは軽減されるでしょうが、事はそう簡単ではありません。

なぜなら、**「やりたくない」と思うことのなかには、「やったほうがよい」ことが含まれている可能性もある**のです。

ですから気分だけで安易に「やりたくないからやらない」と決めることはしない。かといって「やりたくない」気持ちを必要以上に抑え込むのもよろしくない。そのあたりの判断が難しいのですが、じつは「掃除力」のある人にとっては何も難しいことではありません。なぜなら、「本来の自己」を通して、自分のやるべきことを正しく判断できるからです。

「掃除」こそ最良のストレス解消法

前に述べたように、「掃除力」のある人は曇りのない心を持っています。その整った心で、自分のやりたいこと、あまりやりたくないけれどやったほうがいいこと、絶対にやるべきではないことがわかるのです。

掃除力のある人は、たとえあまりやりたくないことが自分に回ってきたとしても、「本来の自己」がやるべきだと判断したら、「よし、楽しんでやろう」と、事に向かう準備を万端整えます。

心持ちをちょっと変えるだけで、やりたくないことでも見え方がまったく違ってくるのです。しかも取り組むうちに、本当に楽しくなってきます。

あるいは、**掃除力のある人は、やりたくない仕事が自分に回ってきたことを「ご縁」ととらえ、とりあえず「やりたくないなあ」というようなイヤな気分は棚上げにします。**そうすることで「よし、やろう」と集中力が高まり、ササッと片づけることができます。それにより次の「ご縁」につながる弾みがつきます。

このように「掃除力」がある人は、常に「本来の自己」を研ぎ澄ませているので、何事も自分のやりたいように取り組むことができます。結果、ストレスから自由でいられるのです。

心身の不調のすべての原因は、ストレスにあるといっても過言ではありません。そのストレスを解消するためには、掃除こそが一番の良薬ではないでしょうか。

掃除が「仕事力」、「人間関係力」も高めてくれます。

みなさんのまわりを見渡してみてください。

デスクまわりをきれいに整理している人は、仕事ができる人ではないでしょうか。なぜか。理由はおもに三つあります。

一つ目は、**デスクまわりがきれいに片づいているほうが、段取りよく仕事を進めることができる**からです。

探し物と同じで、デスクが乱雑だと、「書類でも文房具でも、必要なときに必要なモノが見つからない」ことが多いのです。ムダな時間が増える分、当然、仕事効率は下がります。

二つ目の理由は、**デスクについた瞬間に〝やる気スイッチ〟がオンになり、すぐに仕事をはじめることができる**からです。

滑り出し好調となれば、その後の仕事もポン、ポン、ポンとリズミカルに進められるでしょう。

一方、デスクまわりが片づいていない人は、「さぁ、仕事だ」となっても、「いや、その前に片づけないとどうにもならない」となります。「掃除力」のある人と比べて、時間的にも気持ち的にも、大きく出遅れることになります。

三つ目の理由は、**デスクまわりと同様、頭もすっきり整理されている**からです。

つまり「掃除力」のある人は、思考回路が〝混線〟したり、詰まったりしていなくて考えがスムーズに流れているので、的確にスピーディに考えがまとまるのです。判断がたしかで、決断が速い、ということです。

逆に片づいていない人は、頭のなかもぐちゃぐちゃ。論理的に思考するなど、まず不可能でしょう。それに事あるごとにあれこれ悩んだり、迷ったりするので、何をやるにも時間がかかります。

どうでしょうか。**これまで「なぜか仕事がうまくいかない」と悩んでいた人は、その理由がはっきりわかったのではありませんか？　掃除です。すぐにデスクまわりの片づけにとりかかりましょう。**

人に嫌われる人、敬遠される人の「心の有り様」

人の悩みの大半は、人間関係に起因するのではないでしょうか。

なぜこじれるのか。煎じ詰めればそれは、個々の**「心の有り様」**と深く関係しているように思えます。

まず人間関係がうまくいかない人――いいかえれば人に嫌われたり、敬遠されたり、思うように行動できずに落ち込んだり、トラブルメーカーになってしまったりする人たちは、どのような特徴があるでしょうか。

思いつく限りで挙げてみましょう。

自分に自信がない人。

嫉妬心が強い人。

自慢話ばかりする人。

わがままな人。

自己主張が強い人。

優柔不断な人。

怒りっぽい人。

差別的な人。

無礼な人。

相手によって態度を変える人。

……ほかにも「おせっかいな人」「いつも不機嫌な人」「口が軽い人」「ウソをつく人」「人の悪口をいう人」「協調性がない人」……。

こうして挙げていくと、驚いてしまいます。人に嫌われる要素というのはこんなにもあるものなのか、と。

これら一つひとつをあらためていくのは大変なことですが、一挙に改善する方法があります。

それが「掃除力」を身につけることなのです。

掃除が「オープンマインド」を磨いてくれる

考えてもみてください。どの要素も「本来の自己」が持つはずのない悪感情ばかりではありませんか。「本来の自己」にとっては〝汚点〟でしかありません。いや、そんな〝汚点〟がついた時点で、もう「本来の自己」ではなくなります。

では「掃除力」を身につけ、「本来の自己」を磨くと、どうして人間関係がうまくいくようになるのでしょうか。

それは、**「掃除によって心が外に向かって開かれる」**からです。つまり、**「掃除によってオープンマインドが磨かれる」**からです。**「さっぱりした人」「すがすがしい人」**になれるのです。

前に触れたように、「本来の自己」とは「仏性」「仏様の心」。そんな「心の有り様」の人には、みんなが安心して寄ってきます。「この人に会いたい」「この人といっしょにいたい」「この人とつきあいたい」と思ってもらえます。人とのいいご縁がたくさんできるのです。

身のまわりが整っていない人は心も乱れている――このことはここまで繰り返しお伝えしてきましたが、心が乱れ、悪感情が渦巻いていたり、自己中心的な邪悪な考えがあったりすると、心の扉を開くことはできないでしょう。

ですから人との交流がうまくいかないのです。人とのいいご縁も結ばれないし、いいこともなかなか起こらないでしょう。

人間関係のたいていの問題は、「掃除力」を身につけ、「本来の自己」を取り戻しつつ磨き上げることで解決できます。

「掃除力」というのは、シンプルかつ強力な、人間関係改善のメソッドでもあるのです。

2章

「より少なく、より豊かに」暮らすヒント

買っても買っても買っても……心は満たされません。

人間の欲望というのは、尽きることがありません。

たとえば欲しいモノがあって、念願が叶って、手に入れることができたとします。すぐにもっといいモノ、あるいは別のモノが欲しくなるでしょう。「もっと、もっと」の気持ちがなくなるどころか、増幅されてしまいます。

モノなど、いくら買っても、〝心のゴミ〟を溜め込むだけなのです。

テレビでも、雑誌でも、ネットでも、あらゆるメディアが読者・視聴者の物欲を刺激してきます。その攻勢は最近、とみに激しくなっています。

とくにネットでは、ＡＩ（人工知能）が閲覧や購買の履歴をはじめとするいろいろなデータを駆使してこちらの好みを分析し、「これ、欲しいでしょう?」といわんばかりに、ピンポイントで〝攻撃〟してきます。

ボーッとしていたら、それでなくてもコントロールしにくい物欲がメディアのいいように操られる危険があります。 しまいには、

「あれも欲しい、これも欲しい、もっと欲しい」

という気持ちが湧いてくるのを止められなくなってしまうでしょう。

「執着」が苦しみを生む

このように心が欲望に取り憑かれることを、禅では**「執着《しゅうじゃく》」**といいます。そしてなんであれ、

「物事に執着するのはやめなさい」

と説いています。

なぜなら執着を引き起こす「欲望」には、大きくなる性質があるからです。

物欲はその最たるもので、洋服でも、バッグでも、時計でも、車でも、欲しいモノが次々と出てきます。手に入れたら、次はこれ、次はこれ、次はこれ……と際限がなくなります。金銭欲もそうです。それが苦しみを生む元凶なのです。

そもそも「本来の自己」は、私欲も執着も損得勘定もない、まっさらな心です。**欲望のままに買ってしまったモノを整理し、部屋を掃除してごらんなさい。それが、執着という〝心のゴミ〟を捨てることにつながります。**

◯「知足」をモットーとする

物欲がやっかいなのは、**いくら欲しいモノを手に入れても、心が幸福感で満たされるのはほんの一瞬にすぎない**ことです。すぐに次の欲しいモノに目がいくので、またたく間に幸福感は渇望感に塗り替えられてしまいます。

まさに「執着のスパイラル」。放置しておくと、心は〝終わりのない苦しみ〟にもがくことになるでしょう。
そんな苦境から脱するヒントとなる、いい禅語があります。

「小欲知足」

これは、お釈迦さまがご臨終を迎える前にされた説法をまとめた「遺教経《ゆいきょうぎょう》」（正式には仏垂《ぶつし》般涅《はつね》槃略　説教　誡経《はんりゃくせつきょうかいきょう》といいます）という長いお経のなかに出てくる言葉です。そこにこう書かれています。訳とともにご紹介しましょう。

知足の人は地上に臥《ふ》すといえども、なお安楽なりとす。不知足の者は、天堂に処すといえども、また意にかなわず。不知足の者は富めりといえどもしかし貧し。

「こうして生きていられること自体が、ありがたいこと。いまのままで十分だ」と思っている人は、たとえ暮らしぶりが貧しくても、心は豊かである。一方、現状に「まだまだ満足できない」と思っている人は、どんなにぜいたくな暮らしをしていても心は貧しい。「もっと、もっと」という思いにかき乱され、いつまでたっても心は枯渇感でいっぱいで、幸福感が得られない――。

つまり**心穏やかに、心豊かに生きていくには、「いまのままで十分足りている」と知ることが重要だ、**ということです。

欲まみれの人は、たとえ物質的に豊かであっても、心は貧しい。逆に欲が小さく、多くを欲しがらず、必要最低限のモノだけで十分に満足して暮らしている人は、心が豊か。あなたはどちらの豊かさを求めますか?

欲が高じると「悪事」に走ることも

掃除をさぼって、ほこりやゴミが溜まると、心身の健康を損ねる恐れがあります。ハウスダストやカビが原因でアレルギーを起こしたり、ゴミにつまずいて転んだり、食べ物を腐らせてお腹をこわしたり。**不衛生な環境は〝病気の温床〟なのです。**

あるいはよく「ゴミ屋敷になるのは、心の病気のせい」といわれますが、逆もまた真なり。**掃除をしないから、片づけないから心の病気になる、**という見方もできます。

同じように、心に欲望を溜めると、行動に悪影響をおよぼします。どんどんエスカレートしていく欲望を満たそうと、悪事に走る場合があるのです。

たとえば「あれも欲しい、これも欲しい」となると、よほどのお金持ちでない限り、自分のお金では賄《まかな》えなくなります。それで返済ができないくらいの借金をしたりしてしまうのです。

物欲に限らず、「出世したい欲」が強いあまり、人を蹴落とそうとよからぬことを企《たくら》むとか、自分の成績を上げるために嘘の数字をでっち上げるとか、手段を選ばず人を出し抜くことばかり考えるようにもなります。

「叩けばほこりの出る体」になってはいけない

さらにいえば、こういった不正が組織ぐるみで行なわれることもあります。とにかく売り上げを上げたい一心で、粉飾決算や産地偽装、リコール隠し、データの捏造などに手をそめる企業のなんと多いことか。

どれもひとことでいえば「自分または会社のダメなところを隠す」気持ちの裏返し。「叩けばほこりの出る体」であることがバレるのを恐れて、都合の悪いことを隠蔽するわけです。

どことなく、ほこりを隅っこに掃き溜めたり、散らかっているものをとりあえず押し入れに隠しておいたりする、といったことと似ていると思いませんか？

掃除をすれば「本来の自己」が磨かれますが、ほこりやゴミを見えないところに隠すような掃除のやり方はいただけません。

それは「本来の自己」とは対局にある〝悪事体質〟や〝隠蔽体質〟を増長させるだけなのです。

無闇にいろいろなものを手に入れたがる「欲」は、〝心のゴミ〟でしかない。

そう心得ましょう。

「デッドストック」は、あなたの運気を下げます。

モノがなかなか捨てられない原因のひとつは、「いつか使うだろう」と思うことにあります。

結局、何年、いや何十年たってもその「いつか」は来ず、押し入れや納戸にたくさんのモノを溜め込んでいる人がどれほど多いことか。

モノを整理するときは、

「いつか使うだろうの『いつか』は絶対に来ない」

という視点に立つことが大切です。

○「使わないモノ」こそよく溜まる

「ここ数（十）年で、何度か引っ越したけれど、その都度、段ボールの封も切らずに〝持ち歩いている〟モノがあるよ。でもいつか使うと思って、処分できないんだ」

そんな声を聞いたことがあります。

引っ越しというのは、使わないままただしまってあるモノを処分する絶好の機会です。それなのに、「新居で次の引っ越しまで、一度も荷ほどきされることもなかった」くらい必要のないものが、いつまでたっても処分できないとは……。

おそらく引っ越しの荷造りをするたびに、箱に貼りつけた中身を記したラベルなどを見て、「あ、こんなモノが出てきた。いつか、何かのときに使えそう」と思うのでしょう。お宝を発掘したような気分になるのかもしれません。

あるいは単に「荷ほどきするのもめんどうくさい。とりあえず新居に持っていって、あちらで処分するかどうかを決めよう」と考えたのかもしれません。

もっとも多くの場合、新居に着いても、「荷ほどきがめんどうくさい」状況は変わらないものです。

いずれにせよ、使わないモノは、どこかにしまわれたまま忘れられることが多いのです。よく使うモノなら、目につくところに置いておきますからね。

どこかにしまってあるモノは、「いつか使うかもしれない」モノではなく、「使わない」モノだからそこにある――。

そんなふうに認識するといいでしょう。

不要品は〝運気の流れ〟を悪くする

使わないのにしまってあるものは、企業でいえば**「デッドストック」**のようなものでしょう。

売れ残ったか、あるいは不良品で売るあてがなくなったかでデッドストック、つまり〝使い道のない在庫〟と化した商品は、原価割れしてもいいから安売りにかけるとか、壊して可能なら資源ゴミは業者に売るとか、なんとかして処分するしかありません。

なぜならしまっておいても、利益を生み出さないどころか、保管のための費用ばかりかかって、損失をふくらませるだけだからです。

企業にとっては社宅や保養施設だって、使う社員がいなければデッドストックも同然です。

「処分するのはもったいないし、いつか高く売れるか、有益物件として活用できるかもしれない」なんてグズグズしていると、運営・維持にかかる費用はかさむ一方。やはり損失を増大させるだけなのです。

つまりデッドストックを持っていること自体が、企業の利益を大きく損ねる原因になりかねません。

デッドストックは企業の運気を下げるものなのです。

そういう視点から、家庭におけるデッドストックを見てみましょう。たとえばデッドストックが住居の面積の三割くらいを占めているとしたら、家賃や地代の三割を不要品のために支払っていることになります。

もったいないではありませんか。**デッドストックが増えれば増えるほど、自分たちの暮らす空間が小さくなり、心も窮屈になります。**なんのために高い家賃・地代を払っているのか、わからなくなります。デッドストックが家計を圧迫し、家族の運気を下げないとも限らないのです。

そもそも多くの不要品を抱えていること自体が、どこかで心の重荷になります。**デッドストックは、仕事をはじめとするさまざまな場面でパフォーマンスを落とす原因となるのです。**

加えて、心がデッドストックに占有されると、いい運気が入ってきません。一方で悪い運気が隙間に潜み、なかなか出ていかないでしょう。〝運気の流通〟をも悪化させてしまうのです。

いくらたくさん不要品を溜め込んでも、いいことは何もないので、できるだけ早い機会に整理するようにしてください。

極端な「ミニマリスト生活」に私は反対です

モノの少ないすっきりした空間にすることが大切であるとはいえ、「やりすぎ」は禁物です。

仏教は「中道《ちゅうどう》」を重んじており、

「何事においても極端に偏らない」

ということを大切にしています。

モノについても同じ。何もない空間がいいわけではありません。そこまで何もないと、逆に落ち着かない場合もあります。

大事なのは、**自分が快適に、心穏やかに時を過ごせる空間かどうか**です。ある程度のモノがあっても神経質になることはないのです。

次項でも述べますが、最近、「断捨離」を掲げて、なんでもかんでもバンバン捨ててしまい、後悔することになる、という人が増えています。溜め込みすぎたモノを整理するのはいいのですが……。

なぜそうなるのかというと、**「捨てる」という行為には、モノを次々に買うのと同じくらいの気持ちよさがある**からです。

「これも捨てよう、あれも捨てよう」とやっているうちに、気持ちが高揚してきて「捨てることが目的化」するようです。

高揚感に引っ張られて行動するのはいけません。

みなさんも、極端な「ミニマリスト生活」に陥らないよう注意してください。瞬間的な気持ちの盛り上がりからやってしまったことは、たいてい後悔することになります。

モノの処分――「捨てる基準」をつくりましょう。

使わないモノは処分する。

それはひとつの原則であって、そのすべてを捨てなさい、といっているわけではありません。

自分にとって大事なモノは別です。**ほんのたまに手に取って愛でるだけで、心に幸福感が広がる。そんなモノはぜひ捨てずに、大切に取っておきましょう。**

部屋を片づけるとき、注意しなければいけないことが二つあります。

一つは、**「とにかく処分、処分」と勇み立ち、あまり考えもせずに「使っていな**

い」というだけで何もかも処分してしまうことです。

たとえば大切な人の形見やプレゼント、思い出の詰まったものなど、大事なモノを間違って処分してしまうと、取り返しがつきません。心にぽっかり穴があくかもしれません。その穴は心のゆとりにつながるスペースとはまったく異質のもの。満たされない寂しさを生むでしょう。

もう一つは、**一つひとつのモノを吟味しすぎる**ことです。

昔の日記や手紙を読み返すとか、アルバムのページをめくったり、思い出の品をながめたりしながらなつかしさにひたる、放っておいた昔のモノをまだ使えるかどうかいちいち確かめる、コレクションしたモノを並べて愛でる……そんなふうでは時間がいくらあっても足りません。

たとえば服——こんな「捨てる基準」をつくる

いずれのケースも**「捨てる基準」**をつくることで、だいたい解決できます。

衣類を例に挙げましょう。

私は常々、

「三年間着ていない服は処分しましょう」

とすすめています。

買った当初は気に入っていても、ここ三年間は袖を通していないのであれば、今後も着ることはまずないでしょう。「いつか着るかも」の「いつか」は来ません。もし太ってサイズが合わなくなっているなら、なおさらのこと。「いつか痩せたら着られるかも」の「いつか」が来ることも、ほぼ期待できないでしょう。潔く処分してしまいましょう。

ただし、

「数年着ていないけれど、思い入れの深い服は専用の箱に保管しましょう」

とすすめています。

大切な人から譲り受けた服や、何かの記念日とか晴れの日に着た服など、服そのものよりも服にまつわるエピソードは、長く大切にしたいですよね。「思い出の箱」などと名づけて、大切に保管しておくといいでしょう。

折に触れて箱から出して、陰干ししたりしてあげると、その洋服は着る以上の輝きを発するかと思います。

現役バリバリの服は、新しかろうが、古かろうが、今後も愛用していけるよう、シミや汚れ、ほつれなどがないかをよく確認して、出しやすいところにしまっておきましょう。

このように基準をつくっておくと、機械的に作業を進めることができます。「まだ着るかな。もう着ないよねぇ。いや、いつか着るかも」と悩む時間がかなり短縮されるはずです。

服だけではなく、ほかのモノにも応用してみましょう。**自分の感覚に合う、捨てる〝マイ基準〟をつくってみてください。**

いただきものは「思いの深さ」を基準に

誕生日など何かのお祝いにいただいたプレゼントや、お歳暮・お中元、友人・知人の結婚式の引き出物、旅のお土産にいただいた品、イベントの記念品……人からいただいたモノは、なかなか捨てられません。

心をこめてくださった相手の気持ちを踏みにじるようで、なんだか悪いことをしている気分になるからでしょう。

ただ「自分の好みに合わない」とか「使い道、使う場面がない」といった理由から、一度も使ったことがないのなら、取っておくこともないでしょう。

〝モノの命〟は使われてこそ輝くもの。しまっておくだけでは、モノも喜ばないと思いますよ。

この種のモノを処分するか否かは、**「思いの深さ」というものを基準**にしてはいかがでしょうか。

たとえば「自分のために苦労して手に入れてくれた」モノや、「心をこめて手づくりしてくれた」モノ、「学生時代の仲間みんなで買ったおそろいの」モノ、「社会人になってはじめてのお給料で買った」モノ。こういったものは捨てがたいですよね。そういう自分もしくは誰かの気持ちがこもっていたり、思い出が詰まっていたりするモノは、ぜひ手元に置いて、気持ちごと大切にしましょう。

もし、それが長いこと押し入れや納戸の奥深くにしまわれたままで、その存在を忘れていたモノであったとしても、ひと目見てなつかしさがこみ上げるようなら、捨てる必要はありません。

むしろ整理したのを好機に、〝陽の当たる場所〟に出してあげましょう。「ほったらかしていてごめんね」と謝罪し、これからはもっと大切にしてください。

モノを整理するというのは、「処分する」ことだけが目的にあらず。時を経て忘れられていた大切なモノを、いまによみがえらせる作業でもあるのです。

「見立て」の極意――モノの命は可能な限り生かしましょう。

モノには命がありますから、できるだけ命を生かし続けてあげる。それは使う人間の使命でもあります。

たとえば別のモノに生まれ変わらせる。自分には不要でも、生かしてくださる方が見つかったなら、その方に差し上げる。そういった工夫をするのもひとつの方法です。

ゴミにするのは、最後の最後と考えましょう。

ゴミにする前にぜひ考えていただきたいのは、

「見立て」

という発想から、別の使い方を考えてみることです。

「見立て」とは、**「モノを本来あるべき姿ではなく、別のモノとして見る」**ことを意味する言葉。茶の湯の精神に由来します。

その「見立て」を象徴するものに、京都の禅寺、大徳寺の塔頭《たっちゅう》である「孤篷庵《こほうあん》」庭園にある石灯籠《いしどうろう》があります。

孤篷庵は作庭家としても有名な大名茶人の小堀遠州《こぼりえんしゅう》が開基となって創建されました。彼がみずから手がけたこの庭が国指定名勝となっているほか、茶室「忘筌席《ぼうせんせき》」や書院「直入軒《じきにゅうけん》」、方丈《ほうじょう》が国指定重要文化財になっています。

庭の石灯籠は「寄せ灯籠」と呼ばれ、五輪塔などの石像品を竿や台や傘に転用し、組み合わせてつくられたものです。これがなかなか味わい深い。

ほかにも同じく京都の仁和寺《にんなじ》の庭園にある、尾形光琳《おがたこうりん》の遺物と伝えられる茶室の露地にある灯籠もそう。水盤の破片を竿とし、その上に春日形灯籠の中台の上の部分をのせています。

お茶の世界では桃山時代、このように仏教遺物を転用して新たな美を生み出すことが大変好まれたようです。あり合わせの部分を巧みに組み合わせてひとつの灯籠に仕立てる、そこに〝わびさび〟を表現したのでしょう。

身のまわりのモノを大事する「見立て術」

もちろん「見立て」は、お茶の世界だけの工夫ではありません。**たとえば飲み口が欠けてしまった湯飲み茶碗。唇をケガする恐れがあり、茶碗として使い続けるのは難しい。けれども一輪挿しや小物入れにしてみる。**欠けていてもむしろそれが味となって使い続けることができます。

日本には古来、モノを大事に長く使うことを重んじる文化があります。焼き物などは典型的です。割れてもすぐに処分しません。金継ぎとか銀継ぎをして元の器に戻し、「継いだことで別の美しさが出てきた」と楽しむのです。

残念ながら、近代化が進むにつれて、社会は大量生産・大量消費に飲み込まれてしまいました。ただ一方で、SDGsに代表される「持てる資源を大切に使いましょう」という価値観が浸透してきました。

身近なところでは、**もう着なくなった衣服の布をパッチワークにしてタペストリーや手提げ袋をつくってみる。古い着物を個性的な洋服にリメイクしてみる。**

「見立て」によって新たな命を吹き込まれたモノがたくさん〝誕生〟しています。

「自分には『見立て』のセンスがないなあ」という人は、**「見立て」のアイデアをSNSを介して募ってみる**のはいかがでしょうか。

おそらく多くの人から、「自分はこんなふうに使っている」「自分はこんなふうに手を加えて別のモノをつくった」など、アイデアが届くはず。そのなかで「なるほど、いいな」と思ったものを参考にして、自分なりの「見立て」に挑戦するのも楽しいかと思います。

今後は社会全体に、この「見立て」の精神が生かされていくのではないかと期待しています。

○「誰かにあげる・売る」という選択肢もあり

自分には必要なくても、「使いたい」と思う人はいるかもしれません。「モノの命」を考えたら、欲しい人を見つけるのもひとつの方法です。

その場合は「譲る」か「売る」か、の二択になります。

「譲る」としたら、まずは身近な友人・知人に何かの話のついでに、「このまえ整理してたら、こういうモノが出てきたんだけど、欲しい人、いる?」などと尋ねてみるといいでしょう。案外、手を挙げる人がいるかもしれません。

「売る」のは、最近はわりとお手軽になってきました。

フリーマーケットに出品するとか、ネット上のフリマサービスを利用するなど、いろいろ方法があるようです。

聞くところによると、お菓子の箱やブランドショップの包装紙のようなものまで売れるとか。「こんなもの売れないよな」と勝手に決めず、楽しみながら試してみる価値がありそうです。

「捨てる神あれば拾う神あり」といいますが、モノの気持ちになれば、必要とする人のもとに置いてあげるのがいいに決まっています。

捨てる前に、ぜひご一考ください。

モノを捨てるときには「ありがとう」とひとこと伝えて

最後の最後、もう使い道がないとなったら、やはり捨てるしかありません。

けれども、**縁があって長い間、身近にあったモノたちの命を、ゴミ箱に粗末にポイなんて軽く扱ってはいけません。**

汚れがあったらきれいにして、紙に包むなどしてあげましょう。ゴミ袋にいっしょくたに入れて〝生ゴミまみれ〟にするのは、モノへの礼儀に欠ける行為ではないでしょうか。

いざ捨てるときには感謝の気持ちをこめて、「ありがとう」と声をかけてくださ

い。そのときに塩をふるのもいい。塩にはお清めの作用があり、清めてから捨てると、新しい運気が入ってきやすくなる、ともいわれています。

また「人形やぬいぐるみは、なかなか捨てられない」という声をよく聞きます。人や動物の形をしていて、感情移入の度合いが強いせいか、魂のある生き物のように感じて、捨てるに忍びないのかもしれません。

そんなときは**人形供養をしてくれるお寺や神社を探して、お願いしてはいかがでしょうか。**ちゃんと供養したあとに、処分してもらえます。

そこまで配慮すれば、モノがきちんと片づいた空間で過ごすことのメリットが最大限に得られるというもの。

「ただ、どんどん捨てればいい」というわけではないのです。

「買いだめ」は、メリットよりデメリットが大です。

お買い得のときに食料品・日用品の「買いだめ」をする、という人は多いかと思います。

けれどもいくら安いからといって、あれもこれもと買っていると、つい余計なモノをたくさん買ってしまいます。結局はムダづかいになる場合も多々あります。

できるだけ「必要なときに必要な分だけ」買うようにしましょう。食料品・日用品のストックは、スーパーやコンビニに任せればいいのです。

「買いだめ」が必要なのは、防災に関わるモノくらいではないでしょうか。

食料や飲料、毎日使う消耗品などは、災害時の備えとして、数週間をしのぐだけの量を「買いだめ」しておかなくてはいけません。

しかし、それ以上の「買いだめ」は必要でしょうか。

とくに食料品――「買いだめ」の三つのデメリット

とくに食料。スーパーなどでよく、食料品で山盛りになったカゴを、カートの上下二段にのせてレジに向かう人を見かけますが、私などはつい「そんなに必要なのかな」と首を傾げてしまいます。

もちろん家族が多いとか、忙しいから休日に「まとめ買い」しておかなくてはならないとか、安いときにたくさん仕入れておきたいとか、いろいろ事情はおありなのでしょう。

それでも本当にそんなにたくさん「買いだめ」をしなくてはならないのか、見直したほうがいいと思います。なぜなら**「買いだめ」はメリットよりもデメリットの**

ほうがずっと大きいからです。食料品で考えてみましょう。

第一に、**「買いだめ」は「食べすぎ」を招きます。**

「まだストックがある」と思うと気が大きくなって、「えーい、食べちゃえ」といつもよりたくさん食べてしまいがち。好物だと、なおさらです。

そんなふうではメタボになったり、胃腸の調子が悪くなったりで、健康によくありません。食欲をセーブするためにも、量的にルールを決めて「食べる分」だけ買うようにするといいでしょう。

第二に、**「買いだめ」は「食べ残し」を増やします。**

人間、食べられる量には限界がありますから、食料があんまりたくさんあっても、食べきれずに残してしまう可能性が大きいでしょう。あるいはストックがあることに安心し、「食べるのを忘れて、腐らせた」というようなことも起こります。食べ物は残さない——それが食品に対する礼儀というものです。

第三に、**「買いだめ」は「食品ロス」につながります。**

たくさん買うときは、それだけ賞味期限の長い食料品を選ぼうとします。そういう行為が結果的に、期限の迫った商品の売れ残りに加担することになります。

またたっぷり期限があったにもかかわらず、「まだまだ大丈夫」と思っているうちに、いつの間にか期限切れになる場合もあるでしょう。いずれも「食品ロス」につながるばかりか、結局は〝高い買い物〞にもなります。

できるだけ「都度買い」をする

そもそも「買いだめ」をすると、冷蔵庫や食器棚が食料品であふれて、ぐちゃぐちゃになりますよね。日用品だって、いろいろな棚の収納スペースをどんどん狭くします。掃除の行き届かない部屋と同じで、その乱雑さが頭や心の状態に悪影響をおよぼすことはいうまでもありません。そういったことも含めて、「買いだめ」がいかによくないことか、再認識されたほうがいいでしょう。

では、どうすればよいのか。答えはひとつです。

「必要なときに、必要な分だけ買う」こと。ようするに**「都度買い」**です。

たとえば買い物に出かける前に、その日の献立を考えて、何がどのくらい必要かをメモする。またスーパーなどのチラシでお買い得品をチェックし、近々補充が必要になりそうな調味料や日用品などを書き出す。たったそれだけのことで効率的に〝目的買い〟ができます。安いというだけで、使う予定もないのに買うこともなくなるし、「ストックがあるのに、間違えて買ってしまった……」といったミスも減ります。

このように「都度買い」をすると、食料品なら買ったものを今日中または二、三日中に消費できるので、期限を気にしなくてすみます。むしろ期限切れ間近のものを割引価格で手に入れられる場合もあり、経済的でもあります。

「都度買い」で少なめに買って、多少足りないものが出てきたら、コンビニに走ればいい。**コンビニを自宅の〝緊急食品倉庫〟にすればよい**のです。

ぜひ「都度買い」を導入し、キッチンまわりのスペースをすっきりさせてください。そうすることにより心もすっきりさせることができます。

「気に入ったモノを、長く」──それが大切です。

家具や調度品など、自分のお気に入りのモノに囲まれた暮らしができるほど、ぜいたくなことはありません。

「機能本位」「値段本位」一辺倒の買い物はほどほどにして、**自分の趣味嗜好にフォーカスした、心が喜ぶモノ選び**をしてはいかがでしょう。

そうして手に入れたモノを長く、大切に使うことが、心を豊かにしてくれます。

昨今は通称「百均」が大流行り。そこではたいていのモノがワンコインで買えます。機能性やデザイン性もどんどん進化していて、「安かろう、悪かろう」ともいい切れない。だから私も「百均が悪い」とはいいません。

ただ感心しないのは、「百均」だけではなく「値段の安い」モノというのは、どうしても軽く見て、ぞんざいに扱いがちであることです。

あれもこれもと買いすぎて、けっこうな出費になった。

必要ないモノを買い、多くを使わないまま放置している。

安いモノでガマンしたという意識が働いて、欲望が満たされない。

少し汚れたりしただけで「安かったからいいや」とポイと使い捨てにする。

自分は安いモノしか買えないと、気持ちが卑屈になる。

「安物買いの銭失い」という言葉がありますが、その裏にはこういった事情があるように思います。

「少し値の張るいいもの」を買う効果

買い物をするときに大事なのは、値段ではありません。安かろうが、高かろうが、そのモノに愛着を持てるかどうかが「いい買い物」と「好ましくない買い物」とを分けるポイント。愛着を感じられれば、大切に扱うはずです。

ただし、**買い物上手になるためには、「少し値の張るいいもの」を買うのもひとつの方法でしょう。自然と「大切に、長く使おう」という気持ちになるからです。**

たとえばスーツを買うとき、三着でいくらかのお買い得品と、一着でその三着分を上回る値段のスーツがあったとします。

ふつうに考えると、三着あったほうがいろいろ楽しめるし、着る頻度がならされて長く着られる感じがします。

ところがこれがそうでもありません。例によって「安物だからいいや」という意識が働き、ついぞんざいに扱います。食べこぼしのシミや泥はねの汚れなどがついても、しわしわになっても、あまり気にしないわけです。

結果、どうなるか。生地の傷みが早く、激しく、〝スーツ寿命〟が短くなるのは必定でしょう。

しかも三着のなかで「いまひとつ気に入らない」ものがあれば、袖を通す機会もないままくたびれさせてしまうかもしれません。また〝お気に入り度〟が小さい分、飽きるのも早いような気もします。

一石三鳥の「買い物ルール」

その点、大枚をはたいて買ったお気に入りの一着なら、そんな乱暴は働きません。いくらお気に入りでも、〝着倒す〟ようなことはせず、天気や場所を選んで着ていくでしょう。

いま風にいうなら「勝負服」のような位置づけになると思います。

加えて、もし汚したら、すぐにシミ抜きをするなり、クリーニングに出すなりするでしょうし、日ごろから型崩れしないよう手入れを怠《おこた》ることもないでしょう。

結果、飽きずに長く、大切に着ることができるのです。

こういう心理を利用して、家具や調度品、美術品、食器などの買い物をするときは**自分の財布の許す範囲で、「少し値の張るいいもの」を買うようにする**ことをおすすめします。

結局はムダがなく〝安い買い物〟になる可能性が高いし、お気に入りのモノに囲まれて暮らす至福が得られます。しかも家のゴミは確実に減ります。まさに「一石三鳥」です。

「あったらいいな」のほとんどは、「なくてもいい」モノです。

「こんなモノがあったらいいな」

「こんなモノがあったら便利かも」

という気持ちが働いて、買い物をすることはよくあります。

そんな楽しい気持ちに水を差すようですが、その手のモノはだいたいの場合、必要のない、なくても困らないモノです。

だから、

「買う前に一度、頭を冷やす」

という習慣を持つことが大切です。

これといった目的もなくショッピングを楽しんでいて、不意に「あ、これ欲しい！」と〝電流〟が走る——誰しもそんな経験をしたことがあるでしょう。

そのモノと運命の出会いのように感じる、それが「衝動買い」に走る人たちの言い分のようです。

そしてその熱に浮かされたままに、その場で買ってしまうわけです。

いまはひと昔前と違って、さほど〝いまの懐具合〟を気にする必要がなくなりました。現金の持ち合わせがなくても、クレジットカードで買えます。少々高値でも、リボ払いにすることが可能です。

このように、**いまは「衝動買いに走りやすい」環境が整っているので、〝衝動買い頻度〟がなおさら高まっている**のではないかと思います。

「買うまでにワンクッション置く」習慣

もっともその買い物が後々、「買ってよかった」と思えるものになるならけっこう。「いい買い物をした」と満足できます。

けれども「衝動買い」には逆のケース、つまり「買わなければよかった」と後悔することが非常に多いのです。

なぜなら「衝動買い」が起きるときは、「一時の熱」に浮かされているようなもの。冷静な判断力が働いていないからです。

そうなることを防ぐには、「会計をするまでにワンクッション置いて、頭を冷やす」しか方法はありません。

たとえば店内を一周して、ほかにいいモノはないかと探す。

一度店を出て、ほかの用事を先にすませる。

喫茶店などで、とりあえずひと息いれる。

そういった具合に、〝衝動買い熱〟を冷ます時間を持つのです。

たいていの場合、熱が冷めるにつれて、「どうしてさっき、あんなにテンションが上がったんだろう？」と自分でも不思議になるでしょう。

こうして「買うまでに時間を置く」習慣を持つことで、ムダづかいは減るし、不要なモノを増やすこともなくなります。

「夜のネットショッピング」は危険だらけ

「衝動買い」を助長するものに、夜のネットショッピングがあります。

いまはネット通販が花盛り。わざわざ買い物に出かけなくても、家にいながらにして好きなだけ、さまざまなオンラインショップを〝はしご〟することができます。それできちんと商品の吟味もしないで、次々と〝買い物かご〟に入れてはポチッ、ポチッと、買ってしまいがちなのです。

お酒が入っていると気持ちが大きくなるので、〝衝動買い欲〟をセーブするのがいっそう難しいのです。

気がつかないうちに大量に買ってしまい、商品が届いてから「こんなの買った？」と驚く、というようなことも起こります。

またネット通販では、買う前に商品を実際に手に取って見たり、試着・試用したりすることができません。そのために「色やサイズ、デザイン、素材感などが思っていたものと違った」なんてことがザラにあります。

もちろん返品や交換はできますが、それだけに「気に入らなければ返せばいい」と、軽い気持ちで買いすぎる部分もあります。

返品・交換もたび重なれば、バカにならない送料負担が発生します。なかには「めんどうくさい」と返品・交換の労を惜しんで、不要品を抱え込む人もいるでしょう。そうなると不要品の山が積まれていく一方です。

ですから**夜にネットで買い物をするのはやめたほうがいいでしょう。たとえ買うにしても、その場では買わず、ひと晩寝かせてから翌日にもう一度検討する、ということをルールにする**ことをおすすめします。

世にあふれる情報には〝半眼〟で対峙しましょう。

ここ二〇年ほど、世の中ではとみに「情報洪水」が進んでいます。時代に乗り遅れまいと、さまざまなところから情報を収集していると、自分にとってなんの必要性もない有象無象の情報の山に埋もれてしまいかねません。

モノが増える原因のひとつは、その多すぎる情報にあります。つい不要なモノを買い込んでしまう……。そうならないよう、情報と距離を置くことも大切です。

SNSを含むメディアは、盛んに流行を仕掛けてきます。

たとえばファッションの世界ではシーズンごとに、「流行を取り入れない人はおしゃれではない」くらいの勢いで、大量の情報が発信されます。

またライフスタイルの分野でも、「ワンランク上の暮らし方」とか、あらゆるデータを駆使して「これからは投資の時代」とか、さまざまな提案が発信されます。

どれもキャッチコピーがじつに上手で、読者・視聴者は情報を大量に仕入れては、購買欲をかきたてられてしまいます。

情報に振り回されていると「自分」を見失う

そういった〝流行情報〟にいちいち反応していると、気がつかないうちに流行に振り回されます。

「流行を追う」ほうがまだ主体性がありますが、振り回されるところまでいくと、「自分らしさ」をどんどん失っていきます。

ボーッとしていたら、大量の情報にからめ取られるだけ。しっかり「ノー・サンキュー」をいわなければ、いつの間にか、自分にとってなんの関係もなければ、必要性もないガラクタ同然の情報の山に埋もれるだけなのです。

不要品やゴミと同じで、情報だって、自分にとって価値のないものを溜め込まないほうがいいでしょう。頭のなかが〝ゴミ情報〟で占領されると、自由に主体的に考えるスペースが減ってしまいます。

では、どうすれば不要な情報をシャットアウトできるでしょうか。

○「半眼」で、情報を七五％カットする

情報の八～九割は「視覚」から入ってくるそうです。

嗅覚や聴覚、触覚、味覚など、ほかの感覚器官を介して入る情報は、一割にも満たないともいわれます。

だとしたら、

「視覚情報をいかにセーブするか」

というのが、不要な情報をシャットアウトする大きなポイントになりそうです。

そこでご提案したいのが、坐禅のときの、

「半眼」

です。

坐禅のときは「半眼」といって、視線を四五度下に落とします。

正面を向いていると、目はまっすぐ前に向かって見開いていています。しかも目玉は、上下左右に動かすことができるので、視覚情報は視界のほぼ一〇〇%が入ってきます。

けれども斜め四五度下だと、「半眼」とはいいますが視界のほぼ七五%は遮断されます。その分だけ、情報をシャットアウトすることができるのです。

思えば**自分に必要な情報は、いま手に入れている量の二五%くらいまで減っても、そう困ったことにはならない**のではないでしょうか。

いや、そのくらいまで絞ったほうが、むしろ「有益な情報」「使える情報」が増え、ムダにしかならない情報を減らせるような気がします。

今後も情報はますます増えることが予想されますから、情報収集をするときにはぜひこの〝半眼方式〟を取り入れてください。

掃除＋αの行として坐禅を取り入れる

坐禅は心身を整えるのに非常にいい「行」です。

心が揺れたり、ざわついたりしていると、何をやってもうまくいきません。掃除をするとともに、坐禅を習慣にするとよいでしょう。

禅では**「調身《ちょうしん》・調息《ちょうそく》・調心《ちょうしん》」**――坐禅によって姿勢と呼吸と心を整えることを重視しています。

「調身」とは、姿勢を整えること。横から見て背骨がS字を描き、尾てい骨と頭のてっぺんが一直線になるのがいい姿勢です。

また「調息」とは、呼吸を整えること。とくに「細く長く息を吐く」ことを意識し、一分間に三、四回程度のゆっくりしたペースで行ないます。

そうして「調身」「調息」がうまくいけば、心も自然と整い、「調心」の状態が得られます。

ポイントは、**視覚をはじめとする感覚器官への周囲からの刺激を極力シャットアウトし、自分の内へ、内へと入り込む感覚で行なう**こと。心から迷いや苦しみが消えていきます。

ただ坐禅には、なんとなく難しいイメージがありますよね？　たしかに姿勢ひとつとっても、自己流では簡単にできません。一度、お寺の坐禅会などに参加して、基本の姿勢を教えてもらうことをおすすめします。

その基本をつかみ、体で覚え込んだら、**坐禅はあなたの掃除力を高めるための最高の味方になってくれる**でしょう。

水は豊かさの源
——一滴とてムダにしてはいけません。

「滴水嫡凍《てきすいてきとう》」

という禅語があります。

寒い冬の朝、つららからポトリと落ちた水の滴が、一瞬後には凍りつく——一滴とて水をムダにしないその様に、人として大切にしなければいけないない心がけを重ね合わせているのです。

日々の行ないの一つひとつを大切にし、丁寧に生きる。それが禅の極意なのです。

「杓底《しゃくてい》の一残水、流れを汲む千億人」

これは曹洞宗でとても大切にされている道元《どうげん》禅師の教えです。

言葉そのものは熊沢泰禅《たいぜん》禅師がつくられたもの。曹洞宗の大本山・永平寺の入り口正門の石柱には、禅師の揮毫《きごう》によるこの言葉が刻まれています。

背景には、こんな物語があります。

道元禅師はいつも、仏前にお供えする水を、門前を流れる川から柄杓《ひしゃく》で汲んでいました。その際、必要な分だけ使い、残りの水は元の川に戻していました。

川は水を豊富に湛《たた》えています。なくなる心配はまずありません。それでも禅師は、一滴の水も粗末に扱わなかったのです。

「この一滴を川に戻せば、下流で暮らす人々に使ってもらえる。それがひいては子々孫々のためになる」

道元禅師はそうお考えになったからです。

以来、曹洞宗では「一滴の水もムダにしない」という精神が受け継がれています。

わが身を振り返って、いかがでしょうか。

「朝の歯磨き、洗顔中、水を出しっぱなしにしているな。洗い物もそうだし、シャワーを浴びるときもずっと出しっぱなし。トイレも洗濯も炊事も、水を使う場面ではことごとくムダにしているかもしれない……」

と思い当たる人は少なくないでしょう。

限られた資源を大切にするマインドを

水に限らず、現代人は水も電気も紙も使いたい放題です。地球資源が有限であるとわかっているのに、それこそ「湯水のように」ムダづかいをしています。

地球規模で「SDGs」に対する取り組みが注目され、私たちの暮らしや企業活動が環境に与える負荷が意識されるようになって以降は、多少マシになってはいるものの、「まだまだ」の感は否めません。

子々孫々のためにも、限られた地球資源を大切に使いましょう。**水をはじめとする資源をムダに大量に使うなど「掃除道」の対極にあることです。**暮らしも心も貧しくなる一方です。「一滴の水とてムダにしない」精神こそ、人の生活も心も豊かにするのです。

「お天道様は見ている」は「掃除道」に通じる

私たちが道元禅師のこの教えから学ぶべきことが、もうひとつあります。

それは、**「誰も見ていないところで、人を思いやり行動する」**ことの大切さです。道元禅師が一滴の水もムダにしない、その裏には下流に暮らす人を思いやる心があります。

下流の人には、上流に暮らす人がどのように水を使っているかなど、見えませんよね？「ありがたいなあ」なんて思われるわけもありません。「それでもいい」と道元禅師はいうのです。

人が見ていなくても、人に評価されなくてもいい。むしろ「人知れず」人のために役立つことをする、だからこそ価値があるとしています。

禅ではこういう行ないを、**「陰徳を積む」**といいます。「私がやった、私がやった」と、ことさらに自己アピールしないところがすばらしい。

たとえば**「公共の場をきれいに使う」ことも陰徳のうち。駅やデパート、各種施設などのトイレでも、洗面台がびちゃびちゃだったり、髪の毛が落ちていたりしたら、自分が汚したのではなくても、ササッときれいに拭いておく。**

あるいは**ゴミの収集場所で、カラスや猫がゴミを食い散らかして汚してしまったら、自分のせいではなくても、ちょっと掃除しておいてあげる。**

そうすると自分も気持ちいいし、「徳を積んだな」と思えます。「やらされてやる」のは徳にはなりませんが、自然と人のためによかれと思って行動すると、人も自分も気持ちのいいものです。

日本では昔からよく「お天道様が見ているよ」といういい方をします。これは「だから悪いことをしてはいけませんよ」という戒めであると同時に、「だから善行に努めていれば、ちゃんとお天道様が見ていて、いい人生に導いてもらえますよ」
という教えでもあります。

「お天道様」は「仏様」であり、「本来の自己」――自分のなかにいるもう一人の自分に置き換えられます。ようするに人が見ていようがいまいが、天に恥じない行動をしなければいけない、ということです。

この考え方はまさに「掃除道」に通じます。

掃除とは自分を含めてその空間に身を置く人すべてに心地よく過ごしてもらいたい――そんな気持ちから行なう「行」なのです。

3章

三六五日を磨く、禅的シンプル掃除術

禅僧は、汚れていようがいまいが掃除をするのです。

1章で述べたように、**掃除は非常に大切な「作務《さむ》」**です。

雲水《うんすい》（修行僧）時代はもとより、和尚になってからも、怠《おこた》ることなく、日々の掃除に取り組んでいます。

そういう意味では、禅僧はみんな、

「掃除のプロ」

といえます。

私たちがどんなふうに掃除をしているか、ご紹介しましょう。

○雲水たちは一日に最低三回、掃除する

雲水たちが修行する寺（修行僧堂）では、だいたい朝四時に一日がはじまります。起きたら身支度をして、まず坐禅。その後、朝のお勤めをしてから、いっせいに掃除にとりかかります。

それから朝食をとり、また掃除。午後も昼食後に掃除をしますので、最低でも一日三回は掃除をします。

「最低でも」というのは、風でほこりが舞う日などはあと一、二回掃除をし、多い日は一日に五回掃除をすることになるからです。

しかも数十人総掛かりでやりますから、床はどこもワックスをかけたようにピカピカに光っています。とても水拭きしただけとは思えません。まさに鏡のようです。

たとえば廊下を掃除するときには、雑巾を手にした複数の雲水が四つん這いになって廊下の幅に並び、先輩僧が「行けーっ！」と叫ぶのを合図に、同時にスター

トします。そして三〇メートルくらいの長い廊下を猛スピードで、一気に駆け抜けるのです。

端までたどり着いたら、今度は向き直って、スタート地点を目指して猛ダッシュ。さらにもう一回、片道分を拭いたら、次の場所に移ります。自分たちがいま拭いた場所は、次の列の雲水たちがまた拭きます。

計算したことはありませんが、三〇人の雲水が五人一組で廊下を拭くとしたら、同じ場所を一度に「一人三回×五人」で一五回拭くことになります。これを一日に三回繰り返した場合、四五回にのぼります。

このスタイルは一般の人にはとても真似できるものではありませんが、

「汚れていようがいまいが掃除をする」

という姿勢はぜひ取り入れていただきたいところです。

さっき掃除したばかりのところをまた掃除する、その目的は、「きれいな場所を磨き抜いて、さらに清らかに、美しく輝かせる」ということにあります。

やってみるとわかりますが、ピカピカに磨かれた廊下を見るときの爽快感は、え

もいわれないもの。自分の心が磨かれた証だと実感されます。

わが建功寺の〝掃除行〟

私ども建功寺のような一般のお寺は、大勢の雲水たちが修行する寺と違って、「みんなで毎日」は難しいのが実情です。

それでも掃除が「一番大事な作務」であるのは同じ。「行」として取り組んでいます。

平日は朝の坐禅とお勤めを終えたら、和尚たちはそれぞれの持ち場へ。手が空いているときは、掃除係の職員を手伝います。

当寺には境内全般と庭、二つの維持管理の部隊があって、毎日掃除をする場所と、今日は誰がどこをやるかを決めて、いっせいに掃除をしています。

ただし土曜日は必ず、朝一番に和尚全員で掃除をします。畳の掃き掃除から、床の雑巾がけ、塗り物の拭き掃除、窓拭きまで、念入りに行ないます。

畳の部屋の掃き掃除は部屋ぼうきと掃除機を使ってやり、拭き掃除はから拭き。畳表を替えたときだけ、固く絞った雑巾で水拭きします。い草は緑色を長く保つために泥水につけられます。替えてしばらくは畳の目の間に微量の泥が残っているので、一か月くらいは水拭きしてやる必要があるわけです。

廊下の拭き掃除は、そう若くはない身の私としては、ダーッと走って拭くことはできません。膝をついて、手をいっぱいいっぱいに伸ばして、横に拭いています。

また日曜日の朝は、坐禅の前にみんなで浜縁《はまえん》（参詣者が礼拝する向拝の階段の下の床）の板の部分を雑巾がけします。

きつい作業もありますが、終わるとじつに気分爽快です。

○一心不乱に行なう「磨き作務」

このほか**二、三か月に一度行なうものに、「磨き作務」があります。**お湯で濡らして固く絞った雑巾で漆塗りのものを拭いたり、金箔を貼った調度品を磨いてピカピカに光らせたり、一心不乱に磨いています。

加えて**お盆の前、七月の第一週と、お正月の前の一二月第一週の年に二回、大掃除を行ないます。**

これがなかなか大変で、まず三・六メートルほどの高い脚立にのぼって、天井や欄間に積もったほこりを全部落とします。怖いですが、「怖い」「怖い」と思うと、なおさら怖くなりますから、できるだけ下を見ないように平常心を保って。慣れれば、恐怖心もなくなります。そうしてほこりを落としきってから、畳を掃き、床の拭き掃除にとりかかります。

それと手強いのは、屋根に積もった落ち葉です。谷になっているところに溜まると、雨が降ったときに雨水が流れにくくなります。ここは梅雨に入る前、葉っぱが落ちきったところを見計らって、先に掃除しておきます。

こういった**禅寺の「行」は、少々特殊ではありますが、ご家庭の掃除にも応用できるヒントがたくさんあると思います。**ぜひ毎日の、また季節ごとのルーティンとして、参考にしていただければと思います。

掃除が頭の中に「余裕」をつくってくれます。

坐禅が「静の行」だとすれば、掃除は「動の行」です。

掃除をしている間は一心不乱に目の前の作業に集中し、ずっと体を動かしています。少しでも気を抜いたり、しゃべったりすると、すぐに先輩から発破をかけられます。

したがって掃除をしている間は、頭のなかは空っぽ。何も考えていません。

逆にいえば、

「掃除は頭を無にする訓練にもなる」

ということです。

掃除をはじめると、いつの間にかかなりの時間がたっていた——。そんなふうに感じたことはありませんか？

掃除をするという行為に集中すればするほど、頭からいろいろな考えが、心からさまざまな思いが消えていきます。

もし掃除をしながら、「あれ、どうしよう。これ、どうしよう」と考え事をしているようなら、まだ掃除への集中が足りないといわざるをえません。

◯「無」になるとは、こういうこと

掃除だけではなく、歩く、走る、泳ぐなど、何か運動をして体を動かしているときは、頭のなかが空っぽになるものなのです。

逆に、**体を動かさないと、頭のなかが考え事でいっぱいになってしまいます。**とくに現代人は、仕事ではデスクワークが中心ですし、そうでないときもパソコンやスマホでゲームをしたり、ＳＮＳをやっていたりする時間が長いので、常に頭のなかがグチャグチャしているといっても過言ではありません。

つまり頭が休まっていないのです。

それの何がよくないかというと、自由な発想をする〝頭の余裕〟が奪われることです。つまり、**頭のなかが空っぽだからこそ、ほんのわずかな刺激にも五感が敏感に反応し、そこから柔軟な発想が広がってゆく**のです。

掃除は頭を「無」の状態にするトレーニングにもなるもの。**ひとつのことを集中して考えたいときなど、「準備運動」としても掃除をおすすめします。**

掃除は、ジムに行くよりお手軽で習慣化しやすい運動

七〇代後半の知人女性は、かつてはジムに通って、運動をしていました。ところが一〇年ほど前に、「運動はやめた」というのです。

なぜかというと、ジムに代わる「運動」を見つけたからです。彼女の朝のルー

ティンはこうです。

朝起きてすぐ、家の近くにある墓地をお参りします。お線香をあげて、「今日も新しい一日を無事に迎えることができました」と感謝します。帰りは少し回り道。散歩して帰ってきます。帰宅したら、軽く体操をし、掃除をします。

なんていうことのない行動のようですが、これがとてもいい運動になるのです。

彼女によると、**「ジムに通うより、簡単に習慣化できた」**そうです。

さらにいいことに、掃除を朝早い時間に終えられるので、午後の時間にとても余裕ができたといいます。

大阪にお住まいの彼女は、その暇になった時間を利用して、よくご主人といっしょに京都や奈良へ出かけるようになったとか。

私のところにも「今日はどこそこに行って、こんな掘り出し物を見つけた」とか「今日はあそこでおいしいものを食べた」などと、電話をくださいます。以前にも増して、気持ちが明るく、元気になったようにお見受けします。

たしかにジム通いというのは、習慣化するのが難しい部分があるようです。〝幽霊会員〟も多いと聞きます。

せっかくジムに入会しても利用しないのでは、運動ができないうえに、会費ばかりかかってもったいないですよね。

彼女のように、**日々の運動を、ジムよりお手軽な掃除に置き換えてはいかがでしょうか。＋αのメニューに散歩があればなおいい。**

体を動かすと気分がすっきりしますし、新鮮な空気を吸うことで血の巡りもよくなります。ご一考ください。

「庭掃除」のおかげで薬が半分に

掃除が体調を整えることについて、もう一例、うちのお寺で境内《けいだい》の管理を担当している方のケースを紹介しましょう。

彼は三年ほど前、前の会社を定年退職し、「体を動かす仕事がしたい」とうちに来てくれました。もともと営業職でしたが、〝足で稼ぐ〟というより、〝パソコン仕事〟が中心。まわりからは「大変だからやめたほうがいい」といわれたそうです。けれども彼は「やってみます」と意欲的。苔の掃除をしたり、落ち葉を掃いて集積場に運んだり。境内を行ったり来たりする仕事なので、一日の歩数が「少ない日でも一万歩を切ることはない」といっていました。

さらに喜ばしいことに、体重がかなり落ちて、飲んでいた持病の薬の量が半分になったとか。「ずいぶん体調がよくなりました」とうれしそうに、いまも元気に仕事を続けてくれています。

生活習慣を少し変えるだけで、血圧や血糖値の数字が改善されるとは驚きでした。

「掃除を含む体を動かす仕事」というのは、シニアが転職を考えるときの視点のひとつになりそうです。

「朝イチ掃除」で今日一日が輝きはじめます。

掃除をするのに一番いい時間帯は「朝イチ」です。

「出かける前はそれでなくても時間がないのに、掃除なんかしていたら、ますますバタバタになる」と思うかもしれませんね。

実際は逆です。**「朝イチ掃除」をしないから、一日がバタバタになるのです。**

掃除に要するのは、たかだか一〇分ほど。それで間違いなく、人生がいい方向に転換します。

「朝イチ掃除」を習慣化させるために大事なのは、第一に決めた起床時刻に「パッ

と飛び起きる」ことです。

よく「目覚まし時計を早めの時刻にセットし、スヌーズ機能を利用してアラームが鳴っては止め、鳴っては止め、を繰り返した末にやっと起きる」人がいますが、それはいけません。鳴ったら、パッと飛び起きるのが鉄則です。

人生は「朝」で決まる

最初は辛いと思いますが、すぐに目覚まし時計なしでも起きられるようになります。実際、私はもう何十年来、目覚まし時計の力は借りていません。自然と四時半前後に目が覚めるのです。

そうしたら一度、仰向けのままグーッと大きく伸びをし、次の瞬間、「よし！」と気合いを入れて、パッと起き上がります。

「もっと寝ていたいなあ」なんて気持ちは、まったくありません。寝床への未練はさらさらなく、「さあ、今日も一日、がんばるぞ！」という気合いに満ち満ちています。

毎朝、こんなふうに目覚めれば、一日をスムーズに、前向きな気持ちになってはじめることができます。

いい一日になるかどうかは、朝の目覚めしだいなのです。

もっといえば、そういう目覚めのいい朝の積み重ねが、いい人生を形成していきます。

「人生は朝で決まる」

といっても過言ではないでしょう。

私たちの活動時間は、一日にせいぜい一六、七時間くらいのもの。朝のスタートからつまずくようでは、そのムダを一生かけても挽回できません。前日の夜の過ごし方も含めて、寝起きがよくなるように努めてください。

◎「換気」も大事な掃除のうち

次に大事なのは、家中の窓を開けて、外の空気を取り込むこと。夜寝ている間にこもった〝よどんだ空気〟を一掃するのです。**換気も掃除のうち。「空気の掃除」なのです。**

私も起きるとすぐにお寺の門や戸、窓など、開口部をすべて開けて回ります。たちまち朝の清新な風が寺のなかを吹き抜け、じつに爽快です。たちどころに眠気も吹き飛んで、気持ちがシャッキリします。

みなさんもすべての部屋の窓を開放するのは手間かもしれませんが、せめて寝室とリビングの窓くらいは開け放しましょう。

出かけるまでの数十分、空気を入れ替えることで、これからの一日に向かう準備が整うでしょう。

また**換気のついでに全身に朝陽を浴びる**ことをおすすめします。朝陽に向かって深々と一礼し、同時に深呼吸を二、三回もすると、体がスムーズに〝活動モード〟に切り替わります。

また、**日光浴には、幸せホルモンとして知られる脳内物質、セロトニンの分泌量**

を増やしたり、免疫力を増強するビタミンDを生成したりするなど、メリットがいっぱい。ぜひ〝目覚めの儀式〟に加えてください。

「曇りや雨の日はさぼっていい？」なんていいっこなし。どんな天気の日も、雲の向こうにはいつも太陽が照っています。天候に関係なく、毎日の習慣としましょう。

なかには「暑い夏は冷房、寒い冬は暖房をきかせたいから、窓は開けたくない」という方もおられるでしょう。

けれども、ほんの五分、一〇分でいいのです。少しくらいの暑さ、寒さはガマンしましょう。自然の気を取り入れるほうが、ずっと大事なことなのですから。

ここをササッと朝掃除

窓を開けたら、いよいよ「朝イチ掃除」です。

といっても毎朝の掃除は、時間をかけて、隅々まできれいにする必要はありません。**散らかったモノを整理し、ササッとほうきで掃く。汚れたところをササッと雑**

巾がけする、またはざっと掃除機をかける。ベッドやお布団をパッと整えるといった程度のことで十分です。

家の広さにもよりますが、家族全員で分担を決めていっせいにやれば、おそらく一〇分程度できれいになるでしょう。毎日掃除をしていれば、それだけ汚れやゴミが溜まることもないので、さほど時間はかからないと思います。

こうして簡単に掃除をするだけで、昨日までの疲れも抜け、気分がリセットされます。その心地よさを一日中、維持することだってできます。

しかもきれいに整った部屋に帰れるのですから、夜もリラックスして過ごすことができます。

「ササッと朝掃除」をする人生としない人生では、日々の「快適度」に雲泥の差が出るのです。

「玄関」を見れば、その家の状況がわかるのです。

家は機能によって、いくつかの空間に分かれています。

玄関は家族が出入りすると同時に、お客様をお迎えする空間。

リビングは家族団らんの場となる空間。

寝室は家族一人ひとりが睡眠を通して元気を養う空間。

それらの空間のどこかが乱れていると、家族の関係に綻《ほころ》びが生じないとも限りません。みんなできれいに保つよう、掃除に努めましょう。

「玄関」はあなたと、あなたの家族の顔のようなもの

まず玄関。

「玄関」はもともと禅僧の居室である「方丈《ほうじょう》」の入り口を指す言葉です。

仏教では「玄妙《げんみょう》（神秘的にして奥深い世界）に入る関」といって、禅の修行に入るための関門を表すものでした。

これを武士が自分たちの住まいに取り入れ、やがて一般家庭にも広がり、いまの玄関になったのです。

そういう元々の意味からして、**玄関は家のなかで一番といっていいくらい大事な空間**です。常にきれいに掃除をし、整えておかなければいけません。

それに昔から、

「玄関を見れば、その家の状況がわかる」

といわれます。

玄関がきれいな家は、家のなかもきれいに片づいている。逆に玄関が雑然としている家は、家のなかも散らかっているものです。

そればかりか玄関は、住む人の立ち居振る舞いから家族の幸福度や関係性まで、さまざまな暮らしぶりを象徴します。

掃除の前にまず「靴の整理」から

掃除の前にまずやるべきは、脱ぎ散らかされた靴をいったん下駄箱（シューズボックス）などに収めることです。

よく「いったい何人家族なの？」と驚くほど、たくさんの靴が玄関を埋め尽くしているご家庭がありますよね？　そんなふうでは〝靴の山〟が外から入ってくるいい運気を遮ることになってしまいます。

理想の玄関は、脱ぎっぱなしの靴が一足もない空間です。「帰宅して靴を脱いだら、その場で下駄箱にしまう」「出かけるときは下駄箱から靴を出す」ことを習慣

にするのがベストです。

もっといえば、靴をしまうときにさっとほこりを落とすくらいのことはしたほうがいいでしょう。

もちろん定期的な靴磨きもお忘れなく。手入れの行き届いたきれいな靴は、ファッションの決め手ともいえる重要な要素といわれますからね。

ついでにいうと、**よその家を訪問したときは、玄関で後ろ向きになって靴を脱ぐか、または靴を脱いでから後ろに向き直すかして、靴をきちんとそろえましょう。**些細なことのように思うかもしれませんが、この習慣があるかないかに、その人の人となりが表れるのです。

こうして靴を片づけたら、掃除がしやすくなります。掃いたり、拭いたりするときに、いちいち靴をずらす手間がかからない分、手早く進められるでしょう。外からのほこりやゴミをせき止めるべく、毎朝、掃き清めることが大切です。

ちょっとした「玄関の演出」を

あとは何か「玄関の演出」があるといいですね。

たとえば、夏は打ち水をして涼を呼んだり、お客様が来るときは盛り塩をして場を清めたり、季節の草花やお気に入りの小物を飾ったり。家族はもとより、お客様の心もやさしく癒やされます。

加えて**姿見の鏡を設《しつら》える**のもおすすめ。出かけるときに、自分の姿勢や服装、表情をチェックするのに役立ちます。

とくにパソコンやスマホと向き合う時間の長い現代人は、姿勢が前屈みになりがち。鏡は姿勢を正す仕掛けになるでしょう。

鏡代わりに、スマホの自撮り機能を使ってもかまいません。玄関で、姿勢を正し、いい表情をつくってパシャッ……自撮り画面で自分のスタイルをバチッと決めてから出かけると気分が上がります。

リビングは「家の中心」であり、「家族の絆の要」です。

いまの家のデザインは、中央にリビングを置き、そこから各部屋に行くスタイルが多いようです。

廊下に各部屋の扉があるのと違って、家族が顔を合わせやすい構造になっていると感じます。

いずれにせよリビングは、家族団らんの場です。

みんなでおしゃべりをしたり、テレビや映画を見たりしながら、くつろいで過ごすことが多いのではないかと思います。

リビングの乱れは、家族の不和につながる

そういう場が乱れていると、それがもとでケンカになることもしばしば。

たとえば、

「服を脱ぎっぱなしにしない！」

「ゴミはゴミ箱に捨てなさい！」

「食べかすや飲み残しをそのままにしない！」

「ほこりが舞うから静かにして！」

という感じで、そこから家族の不和がはじまる場合だってあります。

そもそもリビングがそんなに乱れていたら、寄りつくのもイヤになり、家族が各自の部屋に閉じこもりがちになるかもしれません。

もしみなさんの家のリビングが乱れているなら、一度、家族全員で掃除をしてきれいな部屋にリセットすることをおすすめします。

と同時に、**「このきれいを保つために、これからは毎朝の掃除当番を決める」**ようにしてください。部屋がきれいになった気持ちよさを実感すると、掃除へのモチベーションを高めやすいのです。

きれいな部屋を汚すのはなかなか勇気のいるもの。少しゴミが落ちていたり、汚れたりしているだけで気になります。その場で捨てるなり、拭き取るなりしないと気持ち悪いくらいでしょう。

けれどもそのゴミや汚れを見過ごすと、たちまちゴミが増え、あちこちに汚れが増えていきます。だから毎日の掃除が必要なのです。

リビングは「家の中心」であり、「家族の絆《きずな》の要」だからこそ、きれいを維持しましょう。

すっきりとした寝室が熟睡、安眠を呼ぶ

現代人は多くが不眠に悩んでいるようです。

原因はいろいろ考えられます。たとえば悩みや心配事があって、「どうしよう、どうしよう」という思考が止められない。寝る直前までパソコンやスマホを見ているせいか、脳が興奮して、なかなか〝睡眠モード〟に入れない。日中も体を動かすことが少なく、頭は疲れているが、体が疲れていない。

……そういった原因とは別に、**寝室が片づいていないこともあるのではないか。モノが片づいていない寝室では、睡眠の質が落ちるのではないか。**私はそう考えています。

というのも私たち禅僧は、修行時代から「余計なモノがない、すっきりした環境で寝起きする」ことを習慣としています。

おかげで余計なことにわずらわされることなく、修行に、作務に専念することができるからです。

実際、私は床に入った瞬間、ストンと寝入ります。朝までぐっすり眠ります。もちろん、「夜九時半以降は難しいことは何も考えずに静かにくつろぎ、頭を完全に休める」という夜の過ごし方と相まっての〝成果〟かと思いますが、寝室の環境もまた小さくないことを実感しています。

よく眠れない人はこの機会に、寝室の環境を見直してみてください。

ベッドや布団のまわりに雑貨、本、雑誌などが散らばっていませんか？

脱いだ服を決まった場所に片づけず、その辺に放り投げていませんか？

使わない寝具を部屋の隅に積んだままにしていませんか？

リビングや書斎に置けないモノを持ち込み、寝室を〝倉庫化〟していませんか？

もし思い当たることがひとつでもあるなら、さっそく片づけをし、必要最低限のモノだけを置くようにしましょう。

寝室がすっきりした環境になると、気持ちもさっぱりします。余計なことを考え、悶々とすることが少なくなります。

シンプルで快適な空間が「いい眠り」をつくり、翌朝からはじまる「いい一日」をつくるのです。

クローゼットや押し入れは、季節ごとに見直しましょう。

日本には古来、**「衣替え」**の習慣があります。

たとえば学校の制服も、暦に合わせて「六月から夏服」「一〇月から冬服」などと決められていました。

いまは気候によって、あるいは地域によって寒暖差があるため時期は前後するようですが、「慣習」としてはまだ残っています。

近年、この〝衣替え文化〟は衰退しつつありますが、それはとても残念なこと。なんらかの形で受け継いでいきたいものです。

○私たち禅僧は年に四、五回、衣替えをします

私たち禅僧の衣は、春は薄手の羽二重《はぶたえ》、六月になると絽《ろ》になって、梅雨が明けるころから紗《しゃ》になります。

この紗は八月いっぱいが一般的でしたが、近年は残暑が厳しいので、九月の第一週くらいまで着ています。さすがに彼岸近くなると、どんなに暑くても絽に戻しますが。そして一〇月から、まだ暑ければ薄手の羽二重、涼しくなっていれば厚手の羽二重になって、冬を過ごします。

衣はよほど汚れていたら洗いに出しますが、そうでなければしまう前に陰干しにします。よく晴れて乾燥している日に風を通して、きれいに畳み、防虫香をはさんでしまうのです。

このときに傷みやほつれがないかをたしかめ、必要に応じて自分で直したり、修繕に出したりもします。

衣替えはメンテナンスのきっかけにもなるのです。

一見、手間のかかる煩わしい作業のように思うかもしれませんが、**衣替えの裏には、「大事な衣類を長く大切に着たい」気持ちがある**のです。

また**衣替えは、新しい季節に向かう心の準備を整えるときでもあります。衣類を整理すればこそ、心持ちも新たになる**のです。

ウォーク・イン・クローゼットの三つの罠

「うちはウォーク・イン・クローゼットだから、衣替えの必要はないんですよね。季節に関わりなく年中、すべての衣類をつり下げて収納しています」

みなさんのなかには、そういう方がおられるでしょう。

たしかにウォーク・イン・クローゼットスタイルの洋服収納は、「衣替え」の手間が省けて便利でしょう。

ただし整理整頓の視点でいえば、クローゼットのなかで多くのムダを生じさせるものでしかありません。
その理由はおもに三つあります。

第一に、**もう着ない洋服を〝永久在庫化〟させる危険がある**ことです。

ハンガーにかけたまま、あるいは収納ボックスなどにしまわれたまま、着られることなく何回、何十回と季節を巡る服が増えれば増えるほど、デッドスペースが大きくなります。

それにクローゼットの狭い空間に閉じ込められた衣類たちの身になってごらんなさい、なんとか日の目を見せてあげたいではありませんか。

「衣替え」はじつは、衣類の要不要を分けて、不要な衣類をいい形で処分するチャンスでもあるのです。

処分については前に述べたとおり。「捨てる基準をつくる」ことで対応していただければと思います。

第二に、**いま着たい服を見つけにくい**ことです。

季節感なくランダムに衣類をぶら下げておくと、いざ「あの服を着よう」となったときに、見つけるのが大変です。

だいたいの収納場所を決めていないと、なおさら多くの服に埋もれてしまい、見つけにくくなります。

ウォーク・イン・クローゼットであっても、いまの季節のものを手前に置き、来年まで着ないものを後ろに置くくらいの入れ替えをすることをおすすめします。

第三に、**自分がどんな服を持っているかを把握しづらい**ことです。

自分がどんな色・柄・デザインの服を持っているかを把握していないと、新しい服を買うときにムダが生じやすいでしょう。

自分の好みは同じだから、似たような服ばかり買ってしまうのです。それで「代わり映えがしないなあ」と、また〝デッドストック〟を増やすことにもなります。

その点、**「衣替えをしていれば、季節ごとに自分がどんな服を持っているか」**がわかります。

整理しながら、自然と「少し暗い色に偏っているから、今年は明るい色の服を買おう」とか、「去年、ずいぶん新しい服を買ったから、今年は少しセーブしよう」といった計画を立てることもできます。

加えて、実際に手持ちの洋服をざっと見てみると、たとえば「これとこれを組み合わせたら、新鮮なコーディネートになりそう」「このパンツはもう流行遅れだけど、膝上で切ったら、ルームウェアとして使えそう」などと、新しいアイデアが浮かんでくるかもしれません。**整理するときに「リメイクできないか」という視点を持つといいでしょう。**

いかがでしょうか。

ウォーク・イン・クローゼットであったとしても「衣替え」をしたほうがいいことがおわかりいただけたのではないかと思います。

季節ごとに衣類が整理されたクローゼットは、見た目もきれいで、見ているだけで気持ちのいいもの。毎日の洋服選びも楽しくなります。

「三つの箱」で押し入れを整理する

モノを片づけるとき、要不要を考えるのもめんどうなのか、「とりあえず押し入れへ」としまい込んでいませんか？

収納スペースがたっぷりある家ほど、やってしまいがちなことでしょう。それがよくないことは、ここまで読んでくださったみなさんにはもうおわかりでしょう。

「デッドストックは運気を下げる」

このことは、前に述べたとおりです。だから「押し入れをゴミ箱化」してはいけません。

ここは「衣替え」ついでに、押し入れの整理をするようにしてはいかがでしょう。

たとえば、三つの箱を用意して、

①取っておくもの

②処分するもの

③ペンディングにしておくもの（取っておくか、処分するか、決めきれないもの）

というように仕分けするのです。

そうしておくと、「衣替え」の季節が来るたびに、箱のなかのものを見ることになります。

そのたびに「やっぱり取っておこうかな。いや、もう取っておかなくていいかな」などと考えます。

結果、「取っておくもの」の一部が「ペンディングにしておくもの」へ、「ペンディングにしておくもの」の一部が「処分するもの」へ移っていくはず。自然に不要品が〝淘汰〟されていくでしょう。

押し入れの整理は、入れっぱなしにせず、「必要度に応じて仕分けした三つの箱を開けて、中身を点検する」。デッドストックを確実に減らせることが期待できますので、ぜひ参考にしてみてください。

台所は命の源――汚していいわけがありません。

台所は日々の食事をつくる場所です。その食事の材料は、自然の命そのものです。**台所はつまり、命の源たる神聖な場所。汚していいわけがありません。**

毎日きれいに掃除をし、道具類は整理整頓しましょう。火のまわり、水まわり、鍋釜、食器など、すべてをピカピカに磨きましょう。清潔ですがすがしい空間であればこそ、家族の命の源となりうるのです。

禅寺では、台所で食事を担当する人を「典座《てんぞ》」と呼びます。とても重要な役職とされています。

道元《どうげん》禅師はその考え方を『典座教訓』という書物に著わし、三つの心構えを挙げています。

①「喜心」——料理をつくることの喜びを忘れない心
②「老心」——相手のことを思って、丁寧に料理をつくる心
③「大心」——偏りのない深く大きな愛をもって料理をつくる心

禅が説く「料理の作法」

この心構えで料理をすれば、どんなに粗末な食材でも、上等な食材に勝るとも劣らないおいしさを引き出すことができると、道元禅師は説いています。食材とする生き物の命に感謝し、食べる人のことを思いながら誠心誠意を尽くして料理と向き合いなさい、ということです。

そんな精神が「食材を使い切る」姿勢に表れています。**禅寺では大根やにんじんの皮をきんぴらにしたり、ふつうは食べない野菜の切れ端を天日干しにして味噌汁**

の出汁にしたり、捨てられることの多い大根やセロリなどの葉っぱを漬物や味噌汁の具にしたりしています。

もちろん禅寺の台所は、料理道具がきちんと整理整頓されていて、どこもかしこもピカピカです。流しに水垢が溜まっていることもなければ、火のまわりに油汚れがこびりついていることも、鍋釜のどこかが曇っていることもありません。

「台所はこうあるべし」というお手本になるといっていいでしょう。

○食事を終えたら「すぐ洗う」が禅のルール

禅は、何事においても「即行動」を基本としています。「やるか、やらないか」の二択はありえない。「いま、やる」という一択なのです。ですから「食事を終えたら、すぐに洗い物にとりかかる」のがあたりまえ。お腹をさすりながら、「ちょっと休んでから、洗おう」とはなりません。

ましてや「帰ってから洗えばいいか」と朝食の片づけをせずに出かけたり、「眠いからもう明日の朝でいいや」と夕食の食器をそのままにして寝てしまったりするなど、とんでもない！「掃除道」に悖《もと》る行為といわざるをえません。

食事の後片づけに関しては「ひと休みしたら負け」と心得ましょう。

そもそも仕事で疲れて帰ってきたときに、あるいは朝起きたときに、シンクに汚れた食器が山と積まれていたら、気分がよくないではありませんか。うんざりするし、イライラも増す一方でしょう。

それに洗い物を後回しにしてひと休みしても、くつろげますか？

頭の隅っこに「片づけないといけないな」という思いが残り、逆に気持ちは重くなるだけです。やることをやって、すっきりしてから休むほうが、ずっといいリラクゼーションになると思いますよ。

たとえば食器——ムダのない洗い方

台所の掃除に関連する作業には、禅寺の作務を参考にしていただけるとよいかと思います。いまのSDGsにも通じる**「環境にやさしい掃除」**が実践されています。

たとえば洗い物。水をジャージャー流しっぱなしにして洗うなんて、禅寺では御法度です。2章で「滴水嫡凍」という禅語を紹介したように、水一滴とてムダにしないのが禅の教えなのです。

具体的な食器の洗い方は、次のとおり。

①油汚れは紙などで拭き取っておく
②水（またはお湯）で汚れをさっと流す
③①の食器を洗い桶につけて、水をいったん止める
④食器すべてを洗剤で洗う
⑤水を出して、洗剤を流す

このやり方で洗えば、水を流しっぱなしにするのと比べて、使う水の量は三分の一程度ですみます。洗剤の量も抑えられます。

また揚げ物に使った油は、炒め物などに再利用しましょう。そのままドボッと捨てると、水道管が詰まる恐れがあります。

設備屋さんによると、時代とともに水道管がどんどん詰まりやすくなっているそうです。なかでもその種のトラブルが多いのは、カップ麺をよく食べる家だとか。油の多い濃厚スープが水道管を流れる間に油分が固まるのです。

対処策は「スープを流したすぐあとに、熱湯を流す」こと。多少は予防になるようです。もちろんパイプクリーナーなどで定期的にお手入れすることもお忘れなく。

また、使い切れなくて、古くなってしまった油は、紙や布にしみこませて廃棄するのが一番です。私のお寺ではシュレッダーにかけた紙にしみこませて処理しています。

こういうちょっとした手間を惜しまなければ、台所の汚れが少なくなります。SDGsにも通じる「掃除道」といえます。

生ゴミはなるべく「土に還す」のがいい

もう一つ「環境にやさしい掃除」の例を紹介します。

それは、

「生ゴミはできるだけ土に還す」

ということです。

生ゴミはすべて大きな樽などに入れておきます。その際、洗剤がかかっていたり、大量の油を含んでいたりする生ゴミは除いてください。土にとって負担が大きいからです。

そして生ゴミがある程度溜まったところで、地面に穴を掘って埋めます。

やがて生ゴミが土に還ると、土壌がふかふかになります。そこに野菜や花を植えると、とても育ちがいいのです。

ゴミのなかでも生ゴミの占める割合はそうとう大きいようです。最近は大きなコンポストを設置したマンションが増えていますよね。環境にいい試みだと思います。

冷蔵庫のなかは「あるべきものが、あるべきところに」

冷蔵庫は、台所の掃除のなかでも大切なポイントのひとつです。それなのに整理が行き届かないご家庭が多いようにお見受けします。

一番の問題は、**「この棚にはこれ、この棚にはこれ」といった具合に、食品をしまう場所をちゃんと決めていない**ことです。

「いや、私の家はちゃんと決めているけど……」

決めていても、「あるべきところに、あるべきものがない」状態なら、決めていないのも同然。冷蔵庫は〝フリー・アドレス〟状態です。

それによりどんな不都合が生じるでしょうか。

たとえば「欲しいモノがなかなか見つからない」ということが、しばしば起こります。「あれ、どこにあったっけ？　たしか、この辺に……おや、ないなあ」と探す間に、どんどん時間が経ちます。

冷蔵庫がピーピー警告音を発しても見つからない場合もざらにあるでしょう。結局は探すのをあきらめ、新しいものを買ってから、「あ、こんなところにあったのか」と見つかることもめずらしくありません。

結果、時間と電気代とお金をムダに消費することになります。

また整理しないで、ぐちゃぐちゃに詰め込んでいると、冷蔵庫の隅で食品を腐らせてしまうことも少なくありません。

そのほか、消費期限、賞味期限が切れているのに気づかないまま何年も冷蔵庫に入れっぱなしになっている食品があったり、切れていると思い込んで新しいものを買ってムダに〝在庫〟を増やしたり、詰め込みすぎて冷蔵庫内の熱効率が下がったりということになりがちです。

冷蔵庫の乱れは生活の乱れにつながる

いずれにせよ、冷蔵庫の乱れは生活の乱れにつながります。

整理や掃除の行き届かない冷蔵庫から、その家の人たちのだらしのない暮らしぶりが透けて見えるようです。

冷蔵庫に食品をしまうときは、たとえば、

「消費期限、賞味期限のラベルが見えるようにし、早いものから手前に並べる」

「冷凍するものは、オフィスの引き出しにファイルを整理するようにインデックスをつけて立てて並べる」

「できるだけ〝死角〟をなくす」

など、工夫をするようにしましょう。

そうして整理する手間を惜しまないことが、冷蔵庫の使用効率を高め、ひいては生活を律することにもつながるのです。

トイレとお風呂は、「リラックス」と「ひらめき」の空間です。

わが建功寺は先ごろ、六年半の歳月を費やして、新しい本堂を建立させていただきました。

そのなかで特徴的なのは、洗面台に世界の銘石として名高い庵治石《あじいし》を使うなど、トイレにぜいたくをさせていただいたことです。それも無垢の庵治石です。

トイレはどちらかというとなおざりにされがちなところですが、**「じつはトイレとお風呂は一番ぜいたくをしていい空間」**なのです。

その心とは——？

禅寺の「三黙道場」

禅寺には、「口を開いてはいけない場所」が三つあります。

一つ目は**「僧堂」**。

僧侶たちの居室であり、坐禅の場でもあり、食事の場でもある。すなわち、修行の中心的な場所です。

二つ目は**「東司《とうす》」――トイレ**です。

そして三つ目は**「浴司《よくす》」――お風呂**です。

いずれも大切な修行の場とされています。僧堂はともかく、トイレとお風呂が修行の場といわれても違和感があるでしょうか。けれども実際、トイレとお風呂で悟りを開いた仏様がいらっしゃいます。

トイレで悟りを開いた仏様は「烏芻沙摩明王《うすさまみょうおう》」です。トイレは「ご不浄」と呼ばれますが、その不浄の場で悟ったということから、「不浄を清浄に転ずる」徳を持つとされています。

一方、お風呂で大悟した仏様は「跋陀婆羅菩薩《ばっだばらぼさつ》」です。多くの禅寺の浴室にはこの像が安置されており、入浴時には像を三拝する作法が定められています。

お風呂やトイレの〝リラックスの産物〟

それはさておき、**「トイレやお風呂で悟る」**ことを意外に思うでしょうか。そんなことはありませんよね。

おそらくみなさんにも、トイレに座っていたり、お風呂で湯船にゆっくりつかっていたりしたとき、「それまで煮詰まっていた考えの突破口が見つかった」というような経験があるのではないでしょうか。あるいは「不意に新しいアイデアが浮かんだ」なんてことも。

それは、〝リラックスの産物〟。**トイレやお風呂がきれいに掃除されていれば、なおさらいいひらめきが得られる、**と思います。

だからトイレは、便器も、床もきれいに拭き、カランなどの金属部分はピカピカに磨きましょう。

毎日でなくてかまいません。ただ汚してしまったときは、その都度、必ず掃除すること。あとに使う人への心づかいです。

それから、**お風呂やトイレを快適に使うためのさまざまなグッズが売っていますが、そんなところにちょっとぜいたくにお金を使ってみるのもいい**でしょう。

そうすれば、よりリラックス効果が高まり、ひらめきのクオリティーも上がるかもしれません。

鏡はあなたの心も映し出す

お風呂はカビや水垢で汚れやすいところです。

お湯を張る前には必ず、丁寧に掃除をしなくてはいけません。と同時に、入浴後はあとに入る人のことを考えて、湯船も床もきれいにしておく気づかいをお忘れな

く。

また、**洗面所は石けんやシャンプー、化粧品、ドライヤーなど、置くモノが多くて、雑然としがち。しまう場所を決めて、すっきり整理**しましょう。

加えて大事なのは、**鏡をピカピカに磨く**ことです。

鏡は自分の心を映すものなので、汚れがついていたり、曇ったりしているのはよくありません。

洗面所は、家族のみんながそれぞれ使い終えたら、洗面台に散らばった髪の毛やほこりなどを掃除し、かつ鏡をから拭きすることをおすすめします。

トイレやお風呂は「みんなが次に使う人のことを考えて、使い終わったら、その都度、きれいにする」ことが基本中の基本です。

ベランダや庭は、じつは、とても人に見られている場所です。

ベランダや庭は、そこに住む家族よりも、じつは外を通りかかる人のほうがよく見ている場所です。

そこがもし物置状態だったり、雑草が伸び放題になっていたりしたら、どうでしょうか？

見た人は「荒んだ家だな」という印象を持ちます。住人の心が荒んでいることを象徴するようだからです。

そんなふうに見られたくはありませんよね。だから注意が必要です。

○小さな「禅の庭」をつくってみませんか？

禅に**「樹下石上《じゅげせきじょう》」**という言葉があります。

「樹下石上」とは、禅僧が理想とする境地で、「樹木の下、石の上にひとりで静かに坐禅を組み、自然と一体になる」、そんな環境です。

ただ禅僧とはいえ、いつもそのような環境に身を置くのは難しい。そこで寺のなかに庭を設《しつら》えることにしました。

それが「禅の庭」です。

私も国内外で庭園のデザインを手がけていますが、「禅の庭というのは、本当に僧侶たちが知恵を結集した芸術だ」と実感しています。

何千里もの彼方にある山を思い浮かべ、その山間を流れる川の水音に思いを馳せる。そして万里の風景を小さく、小さく縮め、小さな庭をつくり出す。「禅の庭」はわずかなスペースのなかに雄大な自然を表現しているのです。

みなさんも自宅の庭の一角に、あるいはベランダに、そんな禅の庭を設えてみてはいかがでしょうか。

難しくはありません。一メートル四方のスペースがあれば十分です。そこに自分の心の風景を表現すればいいのです。

そして少し疲れたとき、心配事や悩みがあるとき、その庭をぼんやり眺めるひとときを持ちましょう。心のザワザワが消えていきます。

庭やベランダはあなたや、あなたの家族の心を映す風景

あなたには日々、部屋からベランダまたは庭を眺める時間がありますか？

「ある」と答えた人は、おそらく掃除や手入れをきちんとしているはずです。目に映る風景が荒れていると、不快な気持ちになりますからね。

一方、「ない」と答えた人は、手入れを怠《おこた》っているのでは？　雑草が伸び放題で、枝が剪定《せんてい》されていない木や枯れた花がはびこっている「荒れた庭」や、所狭しと不

要品が置かれた「倉庫化したベランダ」など、「見なかったことにしている」可能性が高いような気がします。

見れば片づけようという気にもなれますが、見なければ放置しておいて心が痛むこともないからです。

けれども庭やベランダは、外から〝丸見え〟です。一度、通りがかりの人になって、外からわが家の庭、ベランダを見てごらんなさい。乱れていることが恥ずかしくなってくるはずです。

「庭やベランダはあなたや、あなたの家族の心を映す風景」

そのようにとらえ、素敵に設えるよう努めましょう。そこに住まう自分たち家族も、通りがかりの人も、みんなが気持ちよくなれます。

四季の移ろいを感じて暮らしましょう

庭やベランダをどんなふうに植物で彩るか。それは十人十色、人それぞれの好みに合わせるのが一番です。

たとえば好きな花の鉢植えをたくさん並べる。家の雰囲気がパッと明るくなり、見るほうの心も楽しくなってきます。毎日水をやり、花の生長を見るうちに、どんどん愛着が増してきて、「花いじり」が楽しくなるでしょう。

また**「収穫を楽しむ」のもいい。実のなる木を植えたり、野菜を育てたり。**大変そうに感じるかもしれませんが、意外と簡単ですよ。ハーブやミニトマト、ナス、キュウリ、ピーマンなど、庭がなくても大きめのプランターで十分に育てられます。

さらに夏場には、ヘチマやゴーヤ、ふうせんかずらなどの蔓植物を植えるのもいいですね。直射日光を遮るグリーンカーテンになってくれます。

こうした植物を育て、愛でる暮らしは、四季の移ろいが身近に感じられます。心の豊かさにつながります。

仕事机は、引き出しのなかまで整然とさせましょう。

コロナ禍により〝自宅仕事〟が増えたことを背景に、それまで書斎を持たなかった人も、家のどこかに仕事部屋となる空間を設けたのではないでしょうか。

そこはすっきり片づいていますか？

オフィスのデスクまわりと同じで、自宅にあっても仕事をする空間はきちんと片づけましょう。

それが「仕事のできる人」の証。家族も見直してくれますよ、きっと。

何よりもまず「机の上」の片づけを

書斎や仕事部屋で一番乱れやすいのは、机の上でしょう。とはいえここがきれいに整理されていなければ、効率よく仕事を進めることはできません。

必要な資料が書類の山に埋もれていたり、文房具の類がどこにあるかわからず探し回ったり、モノが散乱していて仕事のスペースが狭くなったり……。

そんな机だと、何時間座っていようが、仕事のスピードもパフォーマンスも落ちるだけなのです。

まずは机の上の書類を、ボックスファイルに分類するなり、不要なモノは捨てるなりして、整理しましょう。

そうして**机の上がフラットになったら、引き出しの整理にとりかかってください。**

ペンやUSBメモリ、メモ、クリップ、ホッチキス、ハサミ、定規、カッターなど、細々としたモノが「適当に放り込まれている」だけの雑然とした引き出しなら、使いやすいように分類し、それぞれ収める場所を決めましょう。サッと取り出せます。

もちろん使ったあとは、決めた場所に収めるのがルール。定期的に見直して、引き出しは常にすっきり、整然と整理しておきましょう。

「昨日の名残り」のあるデスクはＮＧ

こうして机まわりをすっきりさせたあと、大事なのは、「もう散らかさない」と心に決めることです。元の木阿弥に戻らないためのポイントは、**「一日の作業が終わったら、いったんすべてを片づけ、机の上をフラットにする」**ということです。

なかには「次の日も同じ書類やファイルを使って仕事をするのだから、出しっぱなしでもいいのでは？」と思う人がいるかもしれません。

散らかった机の前に座ったときのウンザリ感を想像してみてください。どうしても「昨日の続き」という感覚になってしまいます。

その点、机の上がきれいだと、気持ちも新たにその日の仕事に向かうことができます。やる気が格段に違ってくるのです。

「日々新又日新（ひびあらたにして、またひあらたなり）」

という禅語があるように、一日とて同じ日はありません。新しい一日を新しい気持ちでスタートさせる——。

そのためにも〝**昨日の名残り**〟**のある机では絶対によろしくない**のです。

私のPC整理法

整理が必要なのは、机まわりだけではありません。パソコンのデスクトップも同じ。**整理の下手な人は、ゴミを散らかすように、パソコンのデスクトップにもさまざまなファイルが分類されないままに置かれていることがよくあります。**

そういう状態では、必要なファイルを見つけるのもひと苦労です。

「どれだけ散らかっていても、検索をかければ一発で見つかる」と思っているかもしれませんが、これがなかなか難しい。ファイルのタイトルや保存日時を忘れたり、キーワードがうまくヒットしなかったりすると、たちまち行方不明になってしまうのです。

参考までに、私は次の原則の下で、パソコンを整理しています。

①いま、進行中の仕事のフォルダだけをデスクトップに置く。

②お寺、デザイン、執筆、講演会、その他など、仕事の種類別にフォルダをつくる。

③一つの仕事が終わるたびにファイルを当該のフォルダに保存する。

④その際、ファイル名に日付を付しておく。

いかがでしょうか。

シンプルですが、これを徹底しています。

これでパソコンのなかがぐちゃぐちゃになることはありません。使いたいとき、すぐに目的のファイルが見つかります。

また情報収集については、昔は新聞や雑誌、本を読んでいて「これ、使えるな」

「興味をひかれるな」と心が動いた記事をスクラップしていましたが、溜まる一方だし、活用しやすい保存状態にもなっていませんでした。

けれどもいまは、デジタルツールがあります。**気に入った記事は読んだその場でスキャンして、ジャンルごとに仕分けしてパソコンに保存**しています。

この「デジタル保存」が可能になったことで、必要な参考資料をすぐに見つけられるようになりました。

これまでのようにスクラップを入れた箱をガサゴソすることなく、検索をかければ瞬時に欲しい記事が出てきますからね。

しかも「デジタル保存」だと、紙の束と違って、場所を取りません。パソコン内で完結するので、机の上が散らかることもありません。おすすめの整理法です。

掃除道具は、シンプルなものでかまいません。

野球選手がグローブを磨くように、料理人が包丁を研ぐように、掃除道を極めようとする人は掃除道具をとても大切にしています。

掃除上手はたくさんの掃除道具を必要としません。ごくシンプルな道具を、ときには自分の使いやすいようにカスタマイズしながら、長く大切に使います。

それもまた「掃除道」なのです。

「さあ、これからは掃除道にまっしぐらだ！」

などと意気込む人が陥りやすいのは、「しつこい汚れまで強力に落とす、最新鋭の掃除道具・洗剤」をそろえようとすることです。

気持ちはわかります。スーパーやドラッグストアに行くと、多種多彩な魅力的な掃除グッズが並んでいますからね。

けれどもよく考えてください。毎日掃除をすることに加えて、ふだんは行き届かないところも週に一度、月に一度などと定期的に掃除をしていれば、そもそも「しつこい汚れ」は溜まらないではありませんか。

だとしたら、そんなに強力な洗剤はなくてもいいし、たとえば吸引力がすごい掃除機のような掃除道具も必要ありません。

〝ハイスペック掃除道具〟は不要

はたき、ほうき、雑巾、バケツ……雲水（修行僧）が掃除に使うのは、この四つだけ。はたきをかけてほこりを落とし、ほうきでゴミを掃いて、雑巾で拭き掃除。基本はこの三つの動作で十分、家をピカピカに磨き上げることができます。

一般のご家庭の場合、掃除機くらいは使ってもいいでしょう。ただしさほど高機能でなくてもかまいません。シンプルなタイプのもので用は足ります。

あと加えるとしたら、使い古しの歯ブラシくらいでしょうか。サッシの溝や家具の隙間などに活用できます。

市販の〝ハイスペック掃除道具〟にやたら頼るようでは、「掃除道」を極めることはできませんよ。

道具を大事にする人はいい仕事をする

どんな分野にも共通していえるのは、

「道具を大切にする人はいい仕事をする」

ということです。

入念に手入れをすることはもちろん、自分の使いやすいように道具を〝改造〟することもしばしば。たとえば左官屋さんのなかには、昔の刀を買って来て、鍛冶屋さんに依頼し、コテに鍛え直してもらう人もいます。

掃除道具も同じ。うちのお寺でも竹ぼうきを個人の持ちやすいように手づくりしています。その年に出た竹の枝を秋くらいに切っておいて、枝先を切りそろえて束ねる簡単なもので、太さや長さを〝個人仕様〟にできるというメリットがあります。若い竹の枝は柔らかくしなり、とても使い勝手がいいのです。三年も経つと硬くなりますが、それはそれで石の上のほこりを取るときに重宝します。

当然、雑巾も手づくりです。最近は〝出来合いの雑巾〟が売られていますが、昔ながらの「古布で縫った雑巾」を使っています。

こんなふうに**自ら手間をかけてつくったり、〝改造〟したりした掃除道具には、自然と愛着がわく**ものです。

そうして掃除道具を大切にする。

そこが「掃除道」の出発点といってもいいでしょう。

「おもてなしの心」を、家のどこかに表現しましょう。

昔の家には、お客様を迎える客間があって、そこに**「床の間《とこま》」**がありました。

いってみればここは**「おもてなしの舞台」**です。お客様に心地よく過ごしていただく空間です。

床の間があるなら、お客様の好みや趣味に配慮しながら、また季節の彩りなども添えて、心をこめて設えましょう。

自分の家に床の間がなくても、昔ながらの住宅や旅館などで見たことはあると思います。床を一段高くして、正面の壁に掛け軸をかけ、畳床か床板の上に置物や花などを飾っている空間です。

では、この床の間は何のための設えなのでしょうか。

ひとことでいうとそれは、

「お客様へのおもてなし」

です。

季節や天候、お客様の好み、いまの心境など、さまざまな要素に配慮しながら、飾りの一つひとつを選び、お客様に今日このときを心地よく過ごしていただくよう設えるのです。

お客様を「主役」にした空間づくり

たとえば、

「暑い日が続くなか、風鈴と金魚の掛絵を飾り、涼を取っていただこう」

「寂しさを感じさせる冬には、寒椿《かんつばき》で彩りを添えよう」

「猫好きな方だから、かわいらしい猫の置物でなごんでいただこう」
「このところちょっとお疲れのようだから、掛け軸は禅語の『喫茶去《きっさこ》』にし、ほっこりした気持ちになっていただこう」
「黄色がお好きだから、随所に黄色を配した飾りつけにし、より気持ちを上げていただこう」
「男のお子さんが初節句を迎えたから、お祝いの気持ちをこめて兜飾りを置き、花《はな》菖蒲《しょうぶ》を生けよう」

など。

そういった具合に、お客様の心に寄り添って床の間を設えることが、何よりのおもてなしになります。

かつては招かれるほうも「床の間拝見」を行なうのが習い。設えにこめられた家の主人のメッセージを読み取り、コミュニケーションを楽しみました。

その際、「私のためにこれこれのお心づかいをいただいて……」と言葉にするのはヤボ。「ありがとうございます」といって笑顔を交わすだけで、心が通じ合う、そんな感性と教養の交流を大切にしたものです。

○「おもてなしの心」は、掃除が行き届いてこそ

このように**床の間は、豊かな心の交流を象徴する「おもてなしの舞台」。繊細な心の交流を大切にする精神性を象徴する尊い空間**なのです。

にもかかわらず、掃除の行き届かない、汚れた場所になっていたらどうでしょう?

昔と違って、いまの家はどこも来客が減っています。そのせいもあって「床の間は無用の長物」とばかりに、家によってはないがしろにされがちです。ろくすっぽ掃除しないだけではなく、本やら不要品やらが山と積まれて物置のようになっていたり、腰かけがわりに使われていたりする場合があります。

そうなった瞬間、床の間は機能を失います。本来、お客様をもてなす場であるにもかかわらず、逆に「とてもお客様をお招きできない汚れた場」になってしまうの

です。住んでいる人たちの精神性が貧しくなっていくと同時に、人間関係にもよくない影響を与えると思います。

家に床の間があるなら、いますぐ掃除にとりかかりましょう。

○できる範囲で〝床の間様の設え〟を

家に床の間がなくても、そのかわりになるような空間を設えることをすすめます。大事なのは心持ちで、日本人が受け継いできたすばらしいおもてなしの心を、家のどこかに表現してほしいと願います。

可能なら、飾り棚やコレクションボードのような家具を置く。

それが難しければ、タンスの上や、棚の一角に空間を設ける。

そうして床の間に見立てて、**〝床の間様の設え〟**をするのです。

たとえば、一輪挿しに季節の花一輪、小枝一枝をさす。

ひな人形や五月人形、七夕の笹、秋のお月見のススキなど、季節の行事に合わせ

た人形や花を飾る。
自分のお気に入りの置物や、誰もが見ると心のなごむ置物を置く。
掛け軸がわりに、好きな歌や言葉、絵などが書かれた色紙や額を置く。
好みの香炉にお香を焚く。

など。

お客様に寄り添う心があれば、どんな設えでもいいのです。心を尽くして、おもてなしをしましょう。その〝床の間様〟の空間を、常にきれいに掃除しておかなくてはいけないことはいうまでもありません。

「手を合わせる場所」を、家のどこかにつくりましょう。

仏壇に向かって座り、ご先祖様に手を合わせると、心が落ち着きます。ご先祖様が仏様ともども自分を守ってくれていると、感じるからかもしれません。家族のみんなにとって仏壇は、大切な「心のよりどころ」なのです。

近年は「仏壇のない家」が増えていますが、床の間同様、〝仏壇様の設え〟をすることは可能。**手を合わせて、清らかな気持ちになれる場所をつくりましょう。**

昔はたいていの家に仏壇がありました。家族はそれぞれ、朝、仏壇に手を合わせ、ご先祖様に一日の無事を祈って、出かけました。

また帰宅後は、一日の無事を報告し、感謝の気持ちを伝えました。

さらにうれしいこと、悲しいこと、心配なこと、悩んでいること……事あるごとに、ご先祖様に報告し、胸の内を明かしたものです。

◯「本来の自己」に返る時間をつくる

なぜ、そんなことをしたのでしょう?

理由は明快。**ひとりで手を合わせる時間は、「本来の自己」に返って、気持ちが落ち着く**からです。

あるいは**心の平穏を乱すさまざまなことを洗いざらいぶちまけて、すっきりした気持ちになれる**からです。

もし「仏壇はあるけれど、そこに座って手を合わせる習慣はない」としたら、自ら仏性《ぶっしょう》を手放しているに等しいといってもいいでしょう。おそらく心がザワザワと落ち着かない毎日を送っているのではないでしょうか。**今日ただいまから、仏壇に**

手を合わせることを朝夕の習慣にしてください。それが仏性を磨く「心の掃除」につながります。

とはいえ「仏壇のない家」に住まう方に、無理して仏壇を設けなさいとはいいません。核家族化が進んだご時世、家族みんなが健在で、お祀りするお位牌もご遺影もない場合だってあるでしょう。

そういう方は、**お寺や神社のお札《ふだ》をひとつお祀りするだけで、そこが神聖な場所になります。**加えて、**家族の写真や座右の銘を記した書などを飾る**のもいい。

そんな空間に向かって手を合わせると、清らかな気持ちになれますよ。

ご先祖様や神仏を身近に感じる

仏壇もそうですが、お寺やお墓を前にすると、みなさんはごく自然に手を合わせるのではないでしょうか。この行為には意味があります。

右手は仏様、あるいは自分以外の他者を表します。一方、左手は自分自身です。

左手と右手を合わせること、つまり「合掌」は、自分自身が仏様をはじめ、ほかのみんなと心をひとつにする行為なのです。

そう考えると、仏壇の前はもとより、たとえば太陽や月に向かって、空や山を見上げて、野の花を見つめて、自然と合掌する機会が増えるのではないでしょうか。

そうすると、神仏やご先祖様の存在が身近に感じられます。自分はいつもみんなに守られていると実感することもできます。

その結果、「何があっても大丈夫」と安心していられるようになり、「少々のことでは動じない不動心」が養われるでしょう。これほど心強いことはありません。

「心のよりどころ」を、大事に大事にしましょう。

お寺では、毎日欠かさず仏壇の掃除をします。神聖な場所である仏壇がほこりをかぶっていたり、汚れが溜まっていたりするなど、言語道断です。

実際、仏壇というのは意外と汚れます。ほこりが溜まりやすいし、ロウソクのすすやロウ、線香の灰などがいろいろなところにこびりつきます。

みなさんにも、たまに掃除して「こんなに汚れていたのか」と驚いた経験があるのではないかと推察します。サッとほこりをはらうくらいの掃除は、毎日やっていただきたいところ。あとは適宜、念入りに掃除しましょう。

加えて、線香立ての灰のなかに溜まったお線香の燃え残りを取り除いたり、灰をふるって、さらさらにしたりすることも必要です。週に一度とか、月に二度とか、日程を決めて仏壇をきれいにしましょう。

またお寺では、朝一番でご本尊様にお茶をお供えします。

その昔、お茶はとても貴重なものでした。いまでも、朝一番の井戸水を湧かしたお湯で香り高いお茶を淹れ、自分たちよりも先に仏様にお供えしています。また、供花の水を換えるのも大事なお勤めです。

みなさんのご家庭でも、そういった習慣が踏襲されているのではないでしょうか。

それはすばらしいこと。目には見えない神仏を大切に思う気持ちの表れですから、手間を惜しまず続けましょう。

荒れたお墓では、ご先祖様が草葉の陰で泣いています

もう一つ、忘れてはならないのが、**お墓の掃除**です。

「墓参りなんて、めんどうくさい」なんていって、さぼりがちでは、お墓がどんどん荒れていきます。雑草は伸び放題、墓石は苔だらけ、ゴミは溜まりまくり……そんなふうでは、自身の心の汚れを放置しているのも同然です。

ご先祖様だって、雑草で視界が狭められ、子々孫々を見守るのが難しくなりそう。文字どおり、「草葉の陰で泣いている」でしょう。

そうならないよう**可能な限りお墓参りに出かけ、草むしりやゴミ捨て、墓石の水洗いなど、丁寧に掃除をしましょう。**

手を合わせるのは、お墓を掃除して、お花を生け、お供えをして、きれいな空間にしてから。こちらの心もきれいになって、ご先祖様に感謝の気持ちを伝えることができます。

墓参りはいつ行ってもいいのですが、「この日」と決めておいたほうがいいでしょう。

いくつか、お墓参りにいい時期を挙げておきます。

こんな「節目」でお墓参りを

・年末年始——ご先祖様に一年のご報告と、新年のご挨拶をする大切なとき。家族が顔をそろえることも多いので、みんなでお墓参りをするといいでしょう。
・お盆——ご先祖様の霊を自宅にお迎えして供養を行なう行事です。お坊さんに棚経をあげてもらうほか、墓参りにも出かけましょう。
・春秋のお彼岸——三月の春彼岸と九月の秋彼岸は、それぞれ春分の日と秋分の日を中日として七日間を指します。中日はあの世との距離が一番近く、ご先祖様への思いが通じやすいともいわれています。
・祥月命日——故人の亡くなった月日。可能なら毎月、亡くなった日の「月命日」にも出かけましょう。

ほかに進学や成人、就職、結婚などの人生の節目に、ご先祖様に報告し、これまで見守ってくださったことへの感謝を伝えるのもいいでしょう。

もっともお墓が遠い実家にあるとか、いろいろ事情もあるでしょうから、帰省のタイミングに合わせてお参りする、といったスタイルでもかまいません。

いずれにせよお墓は、故人をはじめご先祖様と心がつながる場所。仏壇同様、「心のよりどころ」として、いつもきれいにしておくよう心がけてください。

（了）

人生《じんせい》を好転《こうてん》させる掃除道《そうじどう》

著　者――枡野俊明（ますの・しゅんみょう）

発行者――押鐘太陽

発行所――株式会社三笠書房

〒102-0072 東京都千代田区飯田橋3-3-1
電話：(03)5226-5734（営業部）
　　：(03)5226-5731（編集部）
https://www.mikasashobo.co.jp

印　刷――誠宏印刷

製　本――若林製本工場

ISBN978-4-8379-2968-0 C0030
© Shunmyo Masuno, Printed in Japan
＊本書のコピー、スキャン、デジタル化等の無断複製は著作権法上での例外を除き禁じられています。本書を代行業者等の第三者に依頼してスキャンやデジタル化することは、たとえ個人や家庭内での利用であっても著作権法上認められておりません。
＊落丁・乱丁本は当社営業部宛にお送りください。お取替えいたします。
＊定価・発行日はカバーに表示してあります。

枡野俊明の本

三笠書房

禅、シンプル生活のすすめ

1日ひとつ、すぐにできる〝自分の整え方〟

40カ国で翻訳――
〝世界〟で一番売れている禅の本

ゆっくりお茶を飲む、脱いだ靴をそろえる、持ち物を少なくする――「世界が尊敬する日本人100人」にも選出された、ベストセラー著者の禅僧が説く、ラク〜に生きる人生のコツ。開いたページに「答え」があります。さあ、禅的(シンプル)生活をはじめよう。

心配事の9割は起こらない

減らす、手放す、忘れる「禅の教え」

心配事の〝先取り〟をせず、
「いま」「ここ」だけに集中する

余計な悩みを抱えないように、他人の価値観に振り回されないように、無駄なものをそぎ落として、限りなくシンプルに生きる――それが、私がこの本で言いたいことです(著者)。禅僧にして、大学教授、庭園デザイナーとしても活躍する著者がやさしく語りかける「人生のコツ」。

リーダーの禅語

人を動かす5つの力、50の言葉

S・ジョブズ、E・シュミット、稲盛和夫……
世界のリーダー達はなぜ、こぞって「禅」を学ぶのか?

リーダーに必要な「5つの力」を身につける「禅語」――◆常行一直心:世間に恥じない生き方ができるか ◆無常迅速:決められるものは「いま」「ここで」決める ◆一笑千山青:困難を笑い飛ばせるリーダーの強さ ◆冷暖自知:どんなに偉くなっても「自ら動く習慣」他……

T30394